Elas no Conselho

Segredos de quem está nesta jornada

COORDENAÇÃO EDITORIAL

Guadalupe Franzosi e Giuliana Preziosi

Elas no Conselho

Segredos de quem está nesta jornada

Literare Books
INTERNATIONAL
BRASIL · EUROPA · USA · JAPÃO

PRESIDENTE DO CONSELHO
Maurício Sita

PRESIDENTE
Alessandra Ksenhuck

VICE-PRESIDENTES
Cláudia Pires e Julyana Rosa

DIRETORA DE PROJETOS
Gleide Santos

CONSULTORA DE PROJETOS
Larissa Jesus

COORDENADORA EDITORIAL
Amanda Moura

EDITORA
Regiane Matos

ASSISTENTES EDITORIAIS
Emerson Xavier e Júlia Almeida

REVISORES
Angélica Mendonça e Aline Graça

CAPA E DESIGN EDITORIAL
Ana Paula Nunes Medeiros

IMPRESSÃO
Printi

Dados Internacionais de Catalogação na Publicação (CIP)
(Câmara Brasileira do Livro, SP, Brasil)

Elas no conselho : segredos de quem está nesta jornada / coordenação editorial Guadalupe Franzosi, Giuliana Preziosi. -- 1. ed. -- São Paulo : Literare Books International, 2025.

ISBN 978-85-9455-356-0

1. Carreira profissional - Desenvolvimento 2. Desenvolvimento profissional 3. Mulheres empresárias 4. Mulheres executivas 5. Mulheres - Histórias de vida 6. Sucesso profissional - Negócios 7. Trajetória pessoal de vida I. Franzosi, Guadalupe. II. Preziosi, Giuliana.

24-245556 CDD-650.1082

Índices para catálogo sistemático:

1. Mulheres no conselho : Sucesso nos negócios : Administração 650.1082

Aline Graziele Benitez - Bibliotecária - CRB-1/3129

LITERARE BOOKS INTERNATIONAL LTDA.

Alameda dos Guatás, 102
Vila da Saúde – São Paulo, SP. CEP 04053-040
+55 11 2659-0968 | www.literarebooks.com.br
contato@literarebooks.com.br

MISTO
Papel | Apoiando o manejo florestal responsável
FSC® C196274

SUMÁRIO

PREFÁCIO

Este livro surgiu de uma situação inusitada, que incomodou um grupo de mulheres que queriam fazer a diferença. Você já viu a força de um grupo de mulheres incomodadas? Nada como ter um objetivo em comum; e, quando esse objetivo vem carregado de valores e propósito, é assim que ideias se transformam em realidade.

Se somarmos a bagagem de todas as mulheres que fazem parte desta publicação, estaremos falando de 700 anos de experiências. Advogadas, engenheiras, contadoras, administradoras, docentes, agrônomas, empresárias, psicólogas, empreendedoras sociais, licenciadas em Comunicação, desenho industrial, autoras, coaches, mentoras... Tem pós-graduadas em Marketing, Neurociências, Recursos Humanos, Finanças, Governança, Sustentabilidade, Tecnologia, Gestão de Projetos e Inovação.

Nossa diversidade nos enriquece e, ao mesmo tempo, abre portas para compartilhar muitas histórias que podem inspirar mulheres, homens e qualquer pessoa que atue no cenário dos conselhos.

Contudo, falar de mulheres nos conselhos não é tarefa fácil, porque acompanha o desafio de ampliar equidade e diversidade em ambientes ainda muito engessados. Infelizmente, ainda vivemos em um mundo onde prevalece o estereótipo sobre quem participa de conselhos: homens brancos de cabelos grisalhos, sentados em salas de reuniões requintadas.

A boa notícia é que isso está mudando e o propósito compartilhado por todas as autoras deste livro é justamente acelerar essa transformação, apoiando e incentivando outras mulheres a investirem na carreira de conselheiras, com dicas, experiências vividas e histórias que inspiram e nos fazem refletir sobre os desafios e as oportunidades desta jornada.

Tem aquelas que estão começando como conselheiras e aquelas que já atuam há muitos anos. Aquelas que estudaram muito sobre o assunto e outras que aprenderam tudo na prática. Diferentes áreas de atuação, do específico ao generalista, sem deixar de trazer a relevância do seu conhecimento para atuação na área.

Quantas vezes não sentimos aquela angústia de somente perceber algo depois de vivenciar experiências difíceis e doloridas? Por que não aprender através das outras pessoas, de uma forma mais gostosa? Na época em que a tecnologia toma conta e o mundo precisa cada vez mais de humanidade, a nossa intenção foi recuperar a prática ancestral de nos reunir ao redor da mesa ou do fogo e escutar as histórias de pessoas mais experientes, compartilhando e aprendendo juntas.

Este livro é aquele que todas nós gostaríamos de ter lido antes de embarcar na jornada de conselheira. É um compilado dos segredos, com lágrimas e gargalhadas, dos erros e acertos que cada uma de nós experimentou, sofreu e comemorou. É um ato de amor, de doar o nosso conhecimento àquelas mulheres maravilhosas que iniciam esta caminhada. É uma provocação para tantas outras mulheres incríveis, para que se sintam estimuladas e renovem seu olhar, pois nós estaremos aqui para apoiá-las e transitar juntas.

Queremos que este livro desperte em você uma força interior capaz de provocar mudança, se juntando a cada uma de nós em um movimento por maior equidade nos conselhos, sejam administrativos, consultivos, familiares ou fiscais.

E, olha, é muita história para contar! O maior desafio deste livro foi consolidar a informação dentro do limite de caracteres proposto para cada capítulo.

É sobre construir pontes e criar laços.

É sobre pessoas que gostam de pessoas. Sobre mulheres que continuam quebrando tetos de cristais para que outras se animem. Mulheres que desafiam o convencional. Mulheres que choraram muito, de alegria e de indignação. Mulheres que foram discriminadas, mas não se intimidaram.

Mulheres que sentem que, ao ir ao trabalho, desbravam o mundo, criando oportunidades e espaços para outras. É sobre mães que querem um mundo mais justo para as suas filhas. Sobre mães que criam filhos aliados e inclusivos. É sobre mulheres que sabem se aliar a quem compreende o valor do feminino.

Este livro é para compartilhar segredos com o nosso olhar feminino.

Vamos juntas e boa leitura!

As autoras

INTRODUÇÃO

Esta obra é produto do coletivo. Seu tema central está definido no título: *Elas no Conselho*. Cada capítulo foi escrito por uma "ela", cada uma das 25 "elas" contando os "segredos de quem está nesta jornada".

As histórias são únicas porque cada uma de nós é singular. São abordagens diferentes, valorizando a experiência pessoal por meio de temas que marcaram a caminhada delas em conselhos. Todos os capítulos trazem dicas e lições aprendidas de quem está neste caminho, seja bem no início, com alguns anos de bagagem, ou já com algumas décadas de sabedoria.

São histórias de vida. Contam aprendizados, com erros e acertos, mas que nasceram de vivências. Assim, te convidamos para um mergulho cheio de reflexões. Vamos falar de educação financeira, conselhos familiares, o papel do empreendedorismo nos conselhos, o universo de start-ups, a sustentabilidade, a carreira de conselheira, o olhar de recursos humanos, o valor da experiência em operações, estruturas societárias, a governança, a criatividade, a inovação, investimentos anjo, conselhos no agronegócio e muito mais. Evidenciaremos dados sobre a representação feminina em conselhos, a importância das redes de contato, o planejamento estratégico na transição da carreira executiva para a carreira de conselheira, o valor de trazer a experiência do cliente para o olhar do conselho, o peso do propósito alinhado com a atuação em conselhos, a relevância do autoconhecimento, caminhos para conquistar um espaço à mesa...

Tudo isso somado à participação de duas convidadas, representando redes potentes que unem mulheres em prol de maior equidade de gênero: a AngelUs Network e a Diversity on Boards. Claudia Colaferro e Barbara Grings contam suas histórias, fazendo provocações importantes que impulsionaram a criação desses movimentos, que hoje reúnem mais de 2.000 mulheres.

Os capítulos são independentes uns dos outros. Eles podem ser lidos de forma contínua ou alternada: fique à vontade para escolher seu percurso. Cada coautora escolheu o tema que achou importante dividir com quem está lendo, baseado na sua experiência de vida. Os capítulos foram escritos no estilo próprio de cada uma.

Nosso livro não é teórico. Não é bibliográfico. As nossas histórias são veículos para compartilhar aprendizados e passar alguns dos segredos que aprendemos, sem ninguém ter nos passado qualquer dica antes de nos aventurar por esta jornada.

Este é o livro que nós gostaríamos de ter lido alguns anos atrás.

Abraçamos o feminino e a individualidade de estilos e experiências, porém sempre com o olhar do resultado coletivo. Se pelo menos uma dica for registrada ou destacada durante a sua leitura, saberemos que atingimos o nosso propósito de inspirar e encorajar você nesta caminhada.

Convidamos você a explorar o mundo **delas**!

As autoras

CAPÍTULO 01

Conselho diverso

Como podemos acelerar?

Apesar dos dados que indicam que quase a totalidade de empresas lideradas por mulheres sobrepassam os resultados daquelas lideradas por homens, a presença delas em conselhos de administração é ainda irrisória, levando a Comissão de Valores Mobiliários (CVM) a aprovar propostas pela B3. Até 2026, espera-se que toda composição de conselho tenha pelo menos dois representantes da diversidade.

Claudia Colaferro

CLAUDIA COLAFERRO

Nascida no interior do Brasil e educada com bolsa acadêmica na Fundação Getulio Vargas (FGV), em São Paulo (SP), graduada em Administração de Empresas e mestre em Comportamento do Consumidor pela Faculdade de Economia e Administração da Universidade de São Paulo (FEA-USP), com tese sobre Neuromarketing. Sempre aspirou ser uma executiva e uma mulher influente nos negócios. Com mais de 30 anos de liderança executiva, foi Presidente Américas e CEO da América Latina para a Dentsu, empresa japonesa de comunicação, adquirindo mais de 20 agências digitais em dez anos. Antes disso, foi executiva *C-level* em multinacionais como: Philips, Motorola, Coca-Cola, Unilever e Natura. Desde 2020, seguindo sua experiência pessoal de liderança, atua como a fundadora, CEO e investidora da rede AngelUs, com mais de 350 mulheres reconhecidas nas mais diversas áreas, que, junto a empresas, preparam colaboradoras na busca pela equidade de gênero na liderança de nossa sociedade.

Contatos: www.angelus.network
claudia@angelus.network
LinkedIn: www.linkedin.com/in/claudiacolaferro

Conscientizar o mercado desde as contribuições até os resultados dos negócios oriundos da diversidade ainda é tarefa importante para todos. Aumentar a diversidade nos conselhos trará perspectivas mais ricas e bem-informadas para a tomada de decisões, ajudando as empresas a lidar melhor com os complexos desafios atuais.

No entanto, aparentemente esses benefícios são invisíveis para aqueles que têm o privilégio de terem posições em conselhos; uma pequena camada formada, na grande maioria, por homens mais velhos, advindos de cargos de presidência de empresas.

De acordo com a empresa BlackRock (2023), a maior gestora de investimentos do mundo, empresas lideradas por mulheres tiveram um desempenho superior ao de empresas lideradas por homens na última década. A BlackRock descobriu que existe um ponto ideal para a diversidade de gênero no local de trabalho – acertar esse equilíbrio permite superar o desempenho dos concorrentes.

Em seu relatório, ainda elucida os seguintes pontos:

- No índice MSCI World, empresas lideradas por mulheres superaram as lideradas por homens em 1,0 ponto percentual em média no retorno sobre ativos (RoA) entre 2014 e 2022.
- As mulheres representam apenas 6% dos CEOs das maiores corporações globais. Nos EUA, 7% das empresas tinham mulheres como CEOs em 2022.
- As mulheres têm maior representatividade nos setores de saúde (52%) e finanças (49%), mas estão menos presentes em atividades de tecnologia, industrial e construção.
- Países como Finlândia, Noruega, Suécia e Singapura têm as maiores porcentagens de mulheres CEOs, enquanto Espanha, Itália e Israel possuem nenhuma (Figura 1).

Figura 1 – Percentual de mulheres CEOs em diferentes países

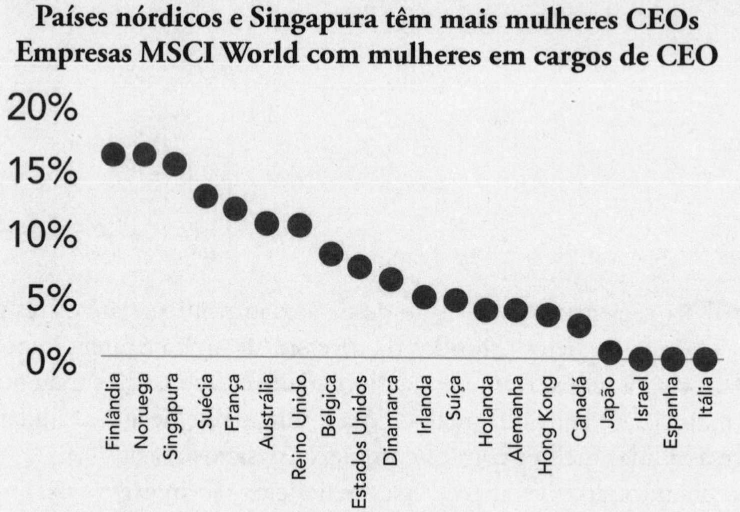

Fonte: BlackRock, 2023. Porcentagem de empresas com mulheres CEOs no final do ano fiscal de 2022, publicada em abril de 2023.

Mulheres ocupam o cargo de CEO em apenas 6% das maiores corporações do mundo. No entanto, empresas com mulheres na liderança 'quase consistentemente' superaram aquelas lideradas por homens na última década, segundo a BlackRock (2023).

No Brasil, a baixa representação de mulheres na liderança das organizações pode ser mudada com a entrada de mulheres e outras diversidades em conselhos. Transformações fundamentais serão impulsionadas por novas legislações: a exemplo, o CVM aprovou que, a partir de maio de 2025, todo conselho de administração deverá ter uma mulher ou um integrante de comunidade sub-representada. E, em 2026 entra em vigor o modelo "pratique ou explique", por meio do qual a presença de duas pessoas indicadas, uma mulher e um integrante de comunidade sub-representada, será esperada ou deverá ser justificada.

Um levantamento feito pela B3 com os dados de 343 companhias listadas mostrou que 55% delas têm nenhuma mulher entre seus diretores estatutários, e 36% não possuem participação feminina no conselho de administração. Em relação aos dados de raça e etnia, pessoas pretas não ocupam cargos de diretoria estatutária em 336 companhias e não estão nos conselhos de administração de 327 empresas.

Ainda, foi elencado, em pesquisa do Institute for Management Development (IMD), o papel fundamental dos headhunters e comitês de nomeação para a mudança desse cenário. O estudo mostrou que 76% das mulheres executivas acreditam que a sub-representação nos conselhos é, em grande parte, uma questão de demanda – as empresas simplesmente não estão procurando mulheres para essas posições.

O networking, muitas vezes essencial para indicações em conselhos de pequenas e médias empresas, representa um desafio para as mulheres, pois as nomeações tendem a se basear em "quem você conhece" em vez de processos meritocráticos formais. Isso cria duas barreiras:

- Mulheres geralmente têm menos acesso a essas redes.
- Processos de nomeação informais são mais suscetíveis a vieses, favorecendo estereótipos (como o homem branco de meia-idade com experiência em finanças).

Esse cenário afeta a composição dos conselhos de pequenas e médias empresas e limita as oportunidades das mulheres para adquirir experiência em níveis intermediários.

Além disso, estudos mostram que a presença de mulheres em cargos não executivos aumenta a probabilidade de outras serem nomeadas para funções executivas, o chamado "efeito cascata". Portanto, a falta de mulheres em conselhos não executivos enfraquece a formação de uma *pipeline* de executivas qualificadas. Para mudar essa situação, o estudo também apresentava oito soluções sistêmicas que as empresas podem adotar em apoio às mulheres, para que progridam na liderança e alcancem posições em conselhos:

1. **Auditoria de recrutamento**: realizar auditorias externas para revisar listas de candidatos e garantir diversidade, desafiando decisões que não incluam candidatos diversos.
2. **Critérios transparentes e justos**: estabelecer critérios objetivos de promoção e nomeação para combater vieses inconscientes, garantindo que mulheres não estejam em desvantagem.
3. **Monitoramento da linha de talentos**: acompanhar o desenvolvimento de mulheres em cargos intermediários para que estejam preparadas para posições de alto nível.
4. **Programas de patrocínio**: implementar programas formais em que líderes sêniores defendam o talento feminino, promovendo o avanço de mulheres na hierarquia.

5. **Responsabilização dos líderes**: avaliar líderes com base em seu histórico de promoção de mulheres, estabelecendo KPIs específicos sobre igualdade de gênero.
6. **Recapacitação após pausas na carreira**: oferecer oportunidades de requalificação para mulheres que retornam de pausas, como licença-maternidade, facilitando seu retorno ao mercado.
7. **Políticas de trabalho flexíveis**: promover o trabalho flexível para que mulheres possam equilibrar responsabilidades pessoais e profissionais.
8. **Educação financeira**: fornecer treinamento financeiro para mulheres talentosas em potencial de liderança, preparando-as para cargos de conselhos, especialmente em funções que demandam conhecimentos financeiros.

É hora de conselhos acolherem uma maior diversidade de perfis. É necessário um esforço para colocar mais mulheres em cargos executivos sêniores e fortalecer a *pipeline* de talentos femininos. Além disso, precisamos de uma mudança de mentalidade sobre o que qualifica um candidato para o conselho e como candidatos diversos são posicionados para funções não executivas. Headhunters, comitês de nomeação e todos os envolvidos nas indicações para conselhos devem estar dispostos a desafiar as formas tradicionais de pensar.

Na União Europeia (UE), vemos um movimento e exemplo importante dessa mudança na representatividade. A legislação da UE exige que, até 2026, 40% das posições de diretoria não executivas (ou 33% de todos os cargos de diretoria) sejam ocupadas por mulheres. De acordo com a pesquisa do IMD, embora a média de mulheres em conselhos de administração nos países da UE seja de 35%, há uma variação considerável entre as nações. Sete países já ultrapassaram a marca de 40%, enquanto outros ainda registram menos de 20% de participação feminina.

Uma observação importante é que para que a meta seja alcançada, as empresas precisam revisar suas práticas de recrutamento e expandir a definição de quais perfis são considerados adequados para posições de liderança e preparar suas executivas para esse cenário.

> A maioria dos atuais membros femininos de conselhos vêm das áreas de jurídico, RH ou comunicação [...]. As organizações deveriam oferecer treinamento financeiro interno para mulheres talentosas que identificam como tendo potencial de liderança (BlackRock, 2023).

A experiência europeia nos ensina que, com um esforço coordenado entre políticas públicas e iniciativas corporativas, é possível atingir metas ambiciosas de diversidade.

O Brasil pode se beneficiar dessas lições, focando em uma abordagem integrada que envolva a reavaliação do talento interno, o desenvolvimento de programas de capacitação e a construção de redes inclusivas. Ele ainda precisa consolidar práticas básicas de transparência e diversidade antes de recorrer a mecanismos tão formais e complexos. No atual estágio de desenvolvimento das políticas de diversidade e inclusão no país, as auditorias externas podem ser vistas como um passo avançado e, talvez, desnecessário para começar.

É ainda importante destacar que a não adoção das medidas – incluindo as práticas de diversidade –, desde que justificadas, não implica descumprimento da exigência do CVM e aplicação de sanção às companhias, que seguem com a prerrogativa de adotá-las ou não. No entanto, de acordo com o modelo "pratique ou explique", deverão ser reportadas as justificativas para o não atendimento de forma transparente para o mercado e a sociedade.

Portanto, o foco inicial deveria estar em fortalecer os processos internos de recrutamento e seleção, garantindo que a diversidade esteja no centro das estratégias corporativas.

> Quando as mulheres se propõem a aprender algo, elas tendem a alcançar a maioria dos níveis de proficiência nas categorias de habilidades estudadas em menos tempo em comparação com os homens (BlackRock, 2023).

Em vez de auditorias externas, as empresas podem começar implementando medidas mais simples e eficazes, como estabelecer critérios claros para inclusão de mulheres em cargos de liderança e criar comitês dedicados à diversidade. Isso permitiria um avanço mais orgânico, em que as próprias organizações se comprometam com a mudança cultural necessária, sem depender de intervenções externas que, em um primeiro momento, podem criar resistências ou burocratizar demais os processos. Esse foco tem que vir do líder.

> O CEO que prospera neste ambiente é o estrategista do contexto. Não polariza, mas tampouco deixa de se posicionar. Ele entende que, em um mundo fragmentado, o verdadeiro desafio não é apenas sobreviver, mas unir (BlackRock, 2023).

Iniciativas para preparação de talentos internos com desenvolvimento de programas de capacitação e a construção de redes inclusivas, como a AngelUs Network, têm como propósito a formação de mulheres nas organizações. A empresa tem como diferencial preparar mulheres pela mão de executivas *C-level* reconhecidas no mercado, que se dispõem a contribuir com um cenário mais inclusivo, pela equidade de gênero na liderança das organizações. A Equity Tech tem como premissa trazer conhecimento recheado de experiências práticas para que outras mulheres possam chegar em posições de impacto na sociedade contribuindo, portanto, com a aceleração do processo de desigualdade na liderança de nossa economia.

Aquelas que chegaram a posições de CEOs, em empresas dos mais diversos ramos, contribuíram e obtiveram reconhecidos resultados para esses negócios, estando prontas a contribuir para a economia na continuidade de suas carreiras como executivas tanto quanto os homens. Além disso, representam 50% do mercado e a maioria nas decisões de compra e condução de lares, o que traz uma relevância ainda maior para um lugar de fala e possíveis soluções e oportunidades de crescimento para as indústrias.

A contribuição das mulheres na liderança, bem como em conselhos, muitas vezes traz uma perspectiva diferenciada e complementar à dos homens, especialmente no contexto atual, em que a liderança precisa ser baseada em propósito e pluralidade. Estudos e práticas mostram que mulheres líderes tendem a adotar abordagens mais colaborativas e a valorizar a inclusão, o que fortalece a capacidade dos conselhos de integrarem visões diversas e equilibrar decisões complexas. Em tempos de tensões ideológicas e desafios relacionados ao ESG (ambiental, social e governança), essa abordagem inclusiva pode ser essencial para construir uma cultura organizacional resiliente e alinhada a valores éticos e de longo prazo.

Enquanto os homens têm um papel tradicionalmente forte na assertividade e na execução de objetivos estratégicos, a inclusão de mulheres em conselhos tem sido associada a uma liderança mais empática e voltada para o bem-estar coletivo. Essas características, juntas, podem criar um equilíbrio poderoso. Mulheres em conselhos são vistas como mais propensas a questionar processos estabelecidos e promover práticas de governança que considerem o impacto social, alinhando-se com as crescentes demandas de ESG. Esse diferencial contribui para uma liderança que não apenas protege a integridade das empresas, mas que também apoia uma visão de negócios mais ampla e responsável, capaz de gerar confiança e resultados sustentáveis em um cenário polarizado.

Portanto, a inclusão de mulheres em conselhos amplia a capacidade de unir a visão estratégica e os valores essenciais, construindo organizações focadas no propósito e preparadas para navegar em um mundo de constantes mudanças e desafios éticos e sociais.

Vamos #mulherar!

Referências

ANGELUS. AngelUs Professional Network for Women, c2023. Disponível em: https://www.angelus.network/. Acesso em: 14 dez. 2024.

CVM aprova medidas propostas pela B3 para aumentar diversidade em diretoria e conselhos de administração de empresas listadas. *B3*, São Paulo, 20 jul. 2023. Disponível em: https://www.b3.com.br/pt_br/noticias/cvm-aprova-medidas-propostas-pela-b3-para-aumentar-diversidade-em-diretoria-e-conselhos-de-administracao-de-empresas-listadas.htm. Acesso em: 14 dez. 2024.

MULHERES e pessoas negras ainda são minoria na alta liderança das empresas de capital aberto. *B3*, São Paulo, 27 set. 2024. Disponível em: https://www.b3.com.br/pt_br/noticias/esg-8AA8D0CC91FA4962019233804AD95817.htm. Acesso em: 14 dez. 2024.

BLACKROCK. *Lifting financial performance by investing in women*. Long-term capitalism at BlackRock. Nova Iorque, nov. 2023. Disponível em: https://www.blackrock.com/corporate/literature/whitepaper/lifting-financial-performance-by-investing-in-women.pdf. Acesso em: 18 dez. 2024.

EDUCATION, gender and work. *World Economic Forum*, [*s. l.*], 2023. Disponível em: https://www.weforum.org/stories/2023/11/blackrock-investing-in-women-gender-diversity/#:~:text=Women%20CEOs%20lead%20outperforming%20companies,had%20women%20CEOs%20in%202022. Acesso em: 14 dez. 2024.

GLOBAL gender gap report 2023. *World Economic Forum*, [*s. l.*], 2023. Disponível em: https://www.weforum.org/publications/global-gender-gap-report-2023/digest/. Acesso em: 14 dez. 2024.

JORDAN, J.; FLEISCHMANN, A. Women on European boards: a route towards 40%. *IMD*, [*s. l.*], 16 ago. 2024. Disponível em: https://www.imd.org/ibyimd/diversity-inclusion/women-on-european-boards-a-route-towards-40/. Acesso em: 14 dez. 2024.

PETTERLE, A. Contagem regressiva para a diversidade nos conselhos de administração. *LinkedIn*, 20 ago. 2024. Disponível em: https://www.linkedin.com/pulse/contagem-regressiva-para-diversidade-nos-conselhos-de-petterle-ws2rc/. Acesso em: 14 dez. 2024.

CAPÍTULO 02

Jogue xadrez, não damas!

Uma carreira estratégica e planejada

Passar de presidente de empresa a conselheira não é uma tarefa fácil. Mudar o mindset para aconselhar, em vez de executar, requer entendimento e disciplina. Tirar o chapéu de chefe e colocar o de parceira de um CEO implica aceitar dar um passo ao lado como executor, sem diminuir a exigência e a cobrança, porém com um olhar estratégico no futuro. Estratégia de carreira e intencionalidade são a bola da vez!

Guadalupe Franzosi

GUADALUPE FRANZOSI

É engenheira química, pós-graduada em marketing, conselheira, mentora e empresária. Com mais de 25 anos de carreira executiva em multinacionais americanas Fortune 500, como a DuPont e a Ingredion, ocupou cargos de liderança regionais e globais, chegando à posição de *C-level* Brasil em 2020. Expatriada duas vezes, tem liderado equipes na América Latina, nos Estados Unidos, na Europa e na Ásia, passando por diversos segmentos na indústria química e de alimentos. Desenvolveu duas *ventures* corporativas, sendo uma de escopo global, focada em economia circular. Em 2024, resolveu fundar sua própria empresa, a Elaboraty, oferecendo serviços de mentoria executiva, conselheira independente e assessoria executiva. Atualmente é membro do Conselho Consultivo da Diversitera e da Diversity on Boards, ambas com a missão de promover a agenda de diversidade, equidade e inclusão. Casada há mais de duas décadas e mãe de dois filhos, sempre desenvolveu a sua carreira conciliando a vida pessoal e profissional.

Contatos: www.elaboraty.com
info@elaboraty.com
LinkedIn: www.linkedin.com/in/guadalupe-franzosi

Fui executiva *C-level* e atuo como conselheira consultiva há dois anos. Vou lhe contar um pouco da minha jornada e o planejamento estratégico da minha carreira por meio de quatro perguntas. Algumas, eu me fiz antes de entrar no meu primeiro conselho. Outras, venho me fazendo ao longo dos últimos anos. Ter respostas para elas se tornou fundamental para poder tomar decisões estratégicas na minha carreira.

Por que alguém iria me querer no seu conselho?

Talvez essa seja a pergunta mais importante para você responder. Ela tem a ver com o seu posicionamento, ou seja, como as pessoas ao seu redor enxergam você. Se você não pode respondê-la, então será impossível "vender" o seu valor no mercado. O que você traz de valor para uma empresa querer ter você no seu conselho e estar disposta a remunerar você pelo seu valor?

O seu valor pode vir do conhecimento técnico, do seu conhecimento sobre um mercado específico, da rede de contatos e das potenciais parcerias que essa rede pode abrir. Pode vir de gestão de crises anteriores, de conhecimento de estruturas globais, de experiência com transformações ou *turnarounds*, de implementação de processos de governança... Enfim, o seu valor pode vir de muitos lugares diferentes. E o mais importante: não tem uma resposta certa ou errada, pois cada empresa precisa de coisas diferentes em momentos diferentes.

Eu sou generalista. Formada em engenharia química, comecei a minha carreira em uma posição técnico-comercial. Trabalhei com desenvolvimento de mercado, fui responsável por expandir negócios e cuidei de P&L[1] a minha vida inteira. Criei ventures e negócios do zero, vendi negócios, participei em conselhos de JV[2] e tive a sorte de ter a minha primeira posição de liderança aos 28 anos, trabalhar em vários mercados diferentes e conhecer dezenas de países. Eu sei um pouco de muitas coisas, porém não sei muito de nada... Cheguei a ser presidente de uma das maiores empresas de ingredientes de alimentos no Brasil (também uma das principais compradoras de milho do país). Ou seja, sou generalista e meu valor está justamente nesse olhar holístico para entender a dinâmica de um negócio.

Fui CEO[3] Brasil e posso ser uma aliada para um CEO de uma empresa menor ou similar. Esse é meu valor, e essa clareza de entendimento permite com que me posicione no mercado para achar o meu lugar nos conselhos, desde este lugar de fala: mulher CEO, pessoa de negócios, multi-indústria, mãe, engenheira, cidadã do mundo.

Tente definir a sua proposta de valor: o que você traz ao conselho que outros não trazem? O que te diferencia de outros conselheiros? Esse primeiro passo é fundamental antes de assumir uma vaga como conselheira. Se tiver dúvidas, pergunte aos seus colegas de trabalho, supervisores, equipes... O que eles mais admiram de você? Isso pode lhe dar uma pista por onde encontrar a resposta.

Quem sabe o que eu tenho a oferecer dentro de um conselho?

Não se trata somente de ter uma rede de contatos ampla, mas sim de ter uma rede eficaz, poderosa! Entender quais são os meus círculos de influência é fundamental. Quais pessoas, dentro da minha rede de contatos, podem me abrir as portas para um conselho e, o mais importante, QUEREM me abrir tais portas? De nada serve ter uma rede de contatos enorme, mas que nenhum desses contatos tenha o poder de levantar seu nome para ser considerada para um conselho, ou serem pessoas com as quais você não tenha interação regular e/ou capacidade de acionar.

1 P&L – *Profit & Loss* ou Demonstração de Resultados em português, um relatório financeiro de resultados durante um período determinado.

2 JV – *Joint Venture* ou Aliança Estratégica em português, uma forma de colaboração entre duas ou mais empresas para alcançar um objetivo comum, mantendo, no entanto, suas identidades corporativas separadas.

3 CEO – *Chief Executive Officer* ou Diretor Executivo em português, título dado ao principal executivo de uma empresa ou organização.

Nunca vou me esquecer das minhas duas primeiras semanas após ter saído da posição de Presidente da Ingredion Brasil. A posição era o equivalente ao que o mercado chama de CEO Brasil. Eu era responsável e assinava pelos resultados da empresa no país. Quando anunciei que estava saindo, choveram dezenas de mensagens de recrutadores. Afinal, não é todo dia que mudanças acontecem nesses níveis e, quando acontecem, todos querem saber o porquê. Nas duas semanas que se seguiram ao meu desligamento, fui a quase dez entrevistas diferentes. Percebi, naquele momento, que a minha rede executiva era excelente: CEOs que queriam me colocar como sucessora e recrutadores que achavam em mim uma pérola rara como mulher CEO. Todas as empresas querendo atrair liderança feminina, e eu estava disponível! Isso tudo seria excelente se não fosse o caso de eu não buscar um cargo de *C-level*; queria um cargo de conselheira independente em um conselho consultivo ou de administração. Foi o momento-chave em que a minha ficha caiu: eu precisava ter essa intimidade, alcance e influência com uma rede de conselhos, seja de conselheiros, seja de recrutadores focados em posições de conselho, tanto a nível nacional como internacional.

Então, segue a minha recomendação: network somente por network não ajuda em nada. Procure ser intencional e pense nos seus círculos de influência. Na vida corporativa ou de empreendedora, provavelmente você já faz isso muito bem. No entanto, os círculos de influência não são os mesmos, no mundo executivo e de conselho. É preciso mapear e trabalhar para, aos poucos, entrar nesses círculos de conselhos; ser conhecida, demonstrar autoridade sobre o tema pelo qual você quer ser conhecida e gerar a confiança necessária para que você seja buscada e convidada a fazer parte de novos conselhos.

Tenha paciência! Você levou décadas para formar a sua rede atual. Uma nova rede não é construída de um dia para o outro. Levará alguns anos. Nesse período, acredite e não desista! Se tem um ponto que está ao nosso favor, como mulheres, é saber nos conectar genuinamente com outras mulheres. Explore este diferencial feminino ao seu favor, usando as capacidades que você já tem, junto com a visão estratégica e intencional para ampliar a sua rede de contatos.

O que preciso aprender para ter um desempenho melhor?

Se você está lendo este livro, provavelmente é uma daquelas pessoas que gostam de aprender.

É provável também que tenha chegado a uma posição sênior na sua organização ou criado uma empresa muito bem-sucedida. Então você sabe tomar decisões, tocar o dia a dia da operação, entregar resultados. Você executa muito bem. Esse tem sido seu maior ativo até agora. Mas cuidado!

Olhando para o conselho, esse pode ser também seu maior risco, e vou lhe explicar o porquê disso.

Você sabe qual é o papel de um conselheiro? Tem total clareza para poder definir isso em uma frase curta? Eu não tinha. Podia explicar coisas que se discutiam no conselho, diferentes papéis do conselheiro e do conselho, mas não conseguia resumir de forma clara e concisa. Pois bem, hoje eu sei: o papel de um conselheiro é garantir a perenidade de uma empresa, ou seja, garantir que a empresa se sustente no tempo, de maneira contínua e saudável. Parece simples, mas não é. Garantir que uma empresa continue a existir implica fornecer governança, supervisão e direção estratégica para ela. Implica garantir relevância e crescimento no futuro, gerir riscos, antecipar tendências de mercado e disrupções tecnológicas, monitorar desempenho (principalmente do CEO), garantir transparência na prestação de contas, estabelecer políticas e práticas que promovam conduta ética, atuar no melhor interesse dos sócios ou acionistas. E a lista poderia continuar...

Isso não é evidente nem fácil de se resumir, e a melhor forma de aprender é, no começo, interagir com conselheiros. Procure aprender com eles. Aprender deles! Fazer perguntas, entender os desafios, descobrir o que eles gostam nessa jornada e o que funciona e não funciona nos conselhos dos quais fazem parte. Entenda como outras conselheiras entraram no primeiro conselho delas. Fale com tantas conselheiras e conselheiros quanto puder. Você se surpreenderá com a vontade com a qual as pessoas dividem experiências, dores e aprendizados.

Eu conversei com muitos conselheiros, a maioria independentes, muitos deles fora do Brasil. As realidades em diferentes mercados variam, pois os níveis de maturidade dos conselhos empresariais também são diversos.

Porém, vale a pena entender a realidade do Brasil, e para isso é importante voltar às aulas. Tem muitos cursos de capacitação de conselheiros, desde os mais simples até os mais complexos. Existem instituições com cursos introdutórios, com cursos que duram meses, com cursos que duram mais de ano. Existe quem somente foca nas normas ditadas pelo Instituto Brasileiro de Governança Corporativa (IBGC), e quem foca menos na teoria, mas traz também exemplos práticos. Todo curso vai aportar conhecimento e troca de experiências e isso, por si só, já traz grande valor.

No entanto, cursos custam dinheiro e demandam tempo e foco, portanto, recomendo pesquisar e entender as ofertas e o que cada uma lhe agrega. A minha sugestão é que você saiba o que deseja como resultado desse estudo, e que você invista no seu conhecimento.

Assim como escolheu uma faculdade, décadas atrás, e ela lhe abriu portas como estagiário no mundo corporativo, pense que deve escolher a instituição para estudar o mundo dos conselhos e começar a "estagiar" como conselheiro.

Como dar o primeiro passo?

Dar antes de receber. Sempre! Se você não faz conselho *pro bono*, repense a sua estratégia.

Eu comecei a minha atuação como conselheira *pro bono* na Diversitera. A Diversitera é uma start-up com cinco anos de vida. A empresa tem dois sócios, os fantásticos Marcus Kerekes e Maurício Nisiyama. Décadas atrás, Marcus e eu trabalhamos juntos na DuPont. Marcus, além de ser um profissional de marketing e estratégia incrível, é cadeirante desde os 15 anos de idade. No meio da pandemia, ele resolveu sair de vez do mundo corporativo, após ter trabalhado em empresas multinacionais de ponta como a DuPont, a Microsoft e a Dow, e montar a sua própria empresa, focada em ajudar as organizações a entender o tema de Diversidade, Equidade e Inclusão, e poder consequentemente agir com impacto na sua transformação inclusiva. A Diversitera tem uma ampla oferta, centrada em um censo proprietário sobre diversidade, equidade e inclusão, em que consegue mapear, cirurgicamente em cada empresa, o local físico e hierárquico no qual se encontram as principais oportunidades de melhorias e mudanças.

Eu, que sempre fui *sponsor* de grupos de diversidade na minha carreira corporativa e que, na época, estava atuando como Presidente da Ingredion Brasil e *sponsor* do grupo de afinidade de mulheres para América do Sul, fiquei encantada quando recebi a proposta de ser um dos três conselheiros independentes convidados por eles (e única mulher!). Eu levava um título e uma credibilidade para uma empresa que estava nascendo. Para mim, a start-up trazia a validação de uma organização que acreditava na minha liderança e no impacto positivo que eu podia trazer na estratégia deles. Deu match! Todo mundo muito feliz.

Mas a empresa estava começando, mal podia pagar as contas e, muito menos, pensar em ter um conselho pago. É nestes momentos que você precisa ser estratégica e humilde. Assim como já fez um estágio não tão bem remunerado para ganhar experiência, você deverá transitar pelo mesmo caminho nesta nova jornada. Pense que será estagiária de conselheira, antes de ser uma conselheira de peso, assim como já fui estagiária de finanças, antes de ser vice-presidente financeira.

Meses após ter começado tal jornada com a Diversitera, me encontrei em um evento de ESG na Amcham, representando a Ingredion, criando um *hub* de descarbonização junto a outras empresas. Durante o almoço de um evento que duraria o dia inteiro, conheci a Alessandra Fajardo, naquele momento responsável por ESG[4] na Bayer. Conversa vai, conversa vem, ela me contou de um grupo de mulheres em conselhos, do qual fazia parte, e me perguntou se teria interesse em participar. Pessoa inquieta que sou, logo estava no grupo conhecendo um mundo de mulheres conselheiras com uma riqueza de troca e de conhecimento fantásticos. Esse grupo de mulheres se tornou uma empresa, a Diversity on Boards, que um ano depois me convidou para fazer parte do seu conselho também. E eu? Acabei devolvendo a gentileza para Alessandra e a convidando para participar deste livro, junto a várias outras coautoras que tive a sorte de conhecer através da Diversity on Boards.

Como a vida dá voltas, né? Então, se você quer receber, precisa se doar primeiro. Sugiro ser gentil com seu tempo. Ser genuinamente curiosa. Ninguém sabe onde esta nova estrada irá nos levar, portanto precisamos explorar; mas essa exploração exige que nós sejamos generosas com o que temos para dar e ajudar aos outros.

Quero encerrar este capítulo com uma mensagem clara: seja estratégica e intencional ao desenhar a sua carreira. Não espere o caos se instalar (por exemplo, uma demissão) para pensar no seguinte passo, no plano B.

Se você está pensando em ser conselheira, recomendo começar enquanto ainda está à frente de uma organização, seja a sua empresa, seja como executivo de uma grande organização. O sobrenome daquela empresa ajuda a abrir portas.

Esta jornada é o desenvolvimento de uma nova carreira, que pode (e deve!) coexistir com outras em paralelo, seja executiva, de consultoria ou de empreendedorismo, pois uma carreira se nutre com a outra.

No meu caso, o planejamento deu tão certo que montei a minha empresa, a Elaboraty, para ajudar outros executivos (em especial as mulheres) a planejar suas carreiras e suas transições.

Espero que dê certo para você também, futura conselheira! Como escreveu Paulo Coelho no seu livro *O alquimista*: "Quando você quer algo, todo o universo conspira para ajudá-lo a alcançá-lo".

4 ESG – *Environmental, Social and Governance* ou Ambiental, Social e Governança em português, que abrange o comportamento corporativo em termos de sustentabilidade e responsabilidade.

CAPÍTULO 03

Caminho possível

Aprendizados na jornada de desenvolvimento para conselheira

Ser conselheira é um caminho possível para mim? Ainda estou descobrindo e, por isso, estou em uma jornada que envolve: autoconhecimento, clareza de propósito, análise do mercado, minhas habilidades e o que ainda preciso para me reconhecer e ser reconhecida neste papel. Neste capítulo, compartilho reflexões dessa trajetória e um diagrama que pode servir como guia prático para a sua própria jornada para conselhos.

Silvia Abreu

SILVIA ABREU

É especialista em Gestão e Transformação Cultural e Desenvolvimento de Lideranças e Times de Alta performance desde 2007. Atualmente empreende em sua consultoria, a Humahub. Atuou por 14 anos como executiva financeira de Planejamento e Controle Corporativo no Unibanco, com foco em Finanças, Controladoria e Planejamento Estratégico. Em 2023, tornou-se conselheira de administração certificada e se preparou para Comitês de Pessoas e Sustentabilidade pelo Instituto Brasileiro de Governança Corporativa (IBGC). Participa da coordenação do Programa de Mentoria para Mulheres do Grupo 80 em 8, voltado para conselhos e lideranças femininas do Grupo Mulheres do Brasil; integra grupos de apoio a lideranças femininas, como mentora e mentorada; e coordena um grupo focado nos Estudos dos Inner Development Goals (IDGs). Possui MBA pela Manchester Business School, na Inglaterra, com patrocínio do British Council; MBA em Finanças pelo Instituto Brasileiro de Mercado de Capitais (Ibmec); aperfeiçoamento em Saúde Mental no Trabalho (SMRT) pelo Instituto Sedes Sapientiae; e formação em Mediação Transformativa Reflexiva de Conflitos pelo Instituto Familiae/Mediativa. Em outubro de 2023, publicou o livro *Bora Inspirar 2*, junto a outras 16 autoras.

Contatos: www.humahub.com.br
silviaabreu@humahub.com.br
11 99965 7842

Ser conselheira de organizações é um caminho para mim?

Essa pergunta ecoa em minha mente. Há algum tempo, meu propósito é claro: apoiar pessoas e organizações para se tornarem mais conscientes de si mesmas, construindo negócios mais responsáveis e sustentáveis. Desde 2007, atuo como consultora e facilitadora de processos de desenvolvimento de lideranças e transformação organizacional e sei que estou no caminho certo. No entanto, ao fundar a Humahub, minha consultoria, decidi fazer uma formação para conselhos, buscando compreender esse mercado atuando como consultora. E uma nova possibilidade surgiu. Durante o curso, fui surpreendida por uma pergunta inesperada: por que você mesma não se torna uma conselheira?

Com 14 anos de experiência em Finanças e 17 como Consultora de Transformação Cultural, percebi que possuo uma combinação de habilidades que respondem bem ao contexto atual dos conselhos, além de poder potencializar meu propósito. Esse questionamento me levou a refletir: será que esse é o próximo passo para ampliar meu impacto nas organizações? Então, me perguntei: o que significa ser conselheira para mim? Como me vejo nesse papel e como o mercado me veria? Em que tipo de empresa minha experiência acumulada ao longo dos últimos 35 anos poderia agregar valor?

Logo surgiram as primeiras inseguranças: será que tenho o perfil certo? Será que minha experiência em Finanças é suficiente? Como lidarei com um mercado até então dominado por homens? Ainda é possível fortalecer minha rede de contatos? Posso começar mesmo sem me sentir completamente pronta? Quero mesmo fazer parte desses conselhos?

Sim, as dúvidas vieram e, com elas, a sensação de não ser boa o suficiente – minha primeira barreira. Mas, mesmo assim, continuei explorando esse novo ambiente. Conversei com conselheiras e conselheiros experientes, estudei o mercado e obtive minha certificação no IBGC. Ao começar a construir uma rede de contatos, essa possibilidade se tornou mais próxima e concreta. Era uma jornada longa, mas agora mais tangível. Compreendi que precisaria de foco e organização, o que me levou a identificar grandes temas para guiar meu desenvolvimento. Passei a revisitar meu propósito, analisar minhas competências e traçar um plano de ação. Refleti, ainda, sobre as crenças que poderiam limitar minha evolução, entendendo que, para transformar minhas escolhas, eu precisaria também transformar a mim mesma.

Como consultora de desenvolvimento humano, sei dos desafios da transformação pessoal e da importância de reavaliar modelos mentais. Nesse processo, a metodologia *Be-Do-Have* (Ser, Fazer, Ter), que aplico em meu trabalho, se mostrou valiosa. Essa abordagem explora a conexão entre nossos valores e crenças (Ser), nossas escolhas e nossos comportamentos (Fazer) e os objetivos que desejamos alcançar (Ter). Compreender o Ser e seus valores é essencial, pois ele orienta nossos comportamentos e nossas escolhas. E, quando queremos algo novo (Ter), talvez tenhamos que adotar novos comportamentos (Fazer) e ajustar nossas crenças para sustentá-los. E comigo não seria diferente. Percebi que, para avançar nessa jornada para conselheira, precisaria revisar algumas crenças limitantes, ressignificando-as, e, provavelmente, desenvolver novas.

Acredito firmemente que a função de conselheira é mais do que ocupar uma posição estratégica em uma organização. Trata-se de assumir a responsabilidade de influenciar positivamente os rumos de um negócio, promovendo decisões pautadas na ética e na sustentabilidade. Isso me fez refletir: quais são os valores que considero inegociáveis? Como eu poderia me manter fiel a eles enquanto ajudo a moldar decisões corporativas? A busca pelo alinhamento entre meus valores e minha atuação profissional é um dos fatores que definem minha trajetória. Refletir sobre o tipo de impacto que desejo deixar e como meus princípios se integram à governança corporativa foi fundamental para essa escolha. Estudos de grandes consultorias revelam que empresas com conselhos diversificados têm mais probabilidade de superar seus pares financeiramente. Para mim, essa é uma evidência de que diversidade não é apenas uma escolha ética (o que já seria uma boa escolha), mas também estratégica e essencial para as organizações.

O mercado de conselheiros está em transformação. Dados recentes reforçam essa percepção: a pesquisa com conselheiros de Ray Garcia, Paul DeNicola e Catie Hall (2024), publicada no *Harvard Law School Forum on Corporate Governance*, revelou que 49% dos executivos entrevistados gostariam de substituir pelo menos um membro do Conselho e 25% substituiriam dois ou três, indicando insatisfação e ineficácia. A necessidade de transformação me pareceu, então, um ponto central para que as empresas pudessem prosperar em um ambiente corporativo moderno e responsável. Mas alcançar essa transformação não é uma tarefa simples e passa por trazer diversidade, abrir portas para mulheres e outras minorias, e para isso é preciso que exista uma mudança real na cultura organizacional, o que só ocorre com o comprometimento da alta liderança e de todo o conselho.

Nesse sentido, minha experiência em transformação cultural me oferece uma vantagem. Sei que é possível inspirar mudanças significativas quando a liderança está engajada. Ser uma voz ativa por essa transformação, dentro e fora dos conselhos, tornou-se parte do impacto que desejo causar. Como conselheira, quero ser uma aliada na construção de ambientes mais inclusivos e sustentáveis, que respeitem as individualidades e reconheçam a riqueza que elas trazem.

A governança corporativa está evoluindo, e isso exige uma mudança de mentalidade nos conselhos. Em um mundo que exige transparência e responsabilidade das empresas, o conceito de ESG (*Environmental, Social and Governance*) não pode ser apenas uma "caixinha" a ser preenchida, mas sim o alicerce de todas as decisões corporativas. Segundo pesquisa da Global Network of Director Institutes (GNDI), as principais áreas de transformação para os conselhos do futuro serão: incluir tecnologia e sustentabilidade (85%), foco cada vez maior em propósito e impacto, orientação a múltiplos stakeholders (74,9%), alinhamento a longo prazo e a critérios de ESG (73,7%), entre outros. Então, com temas como sustentabilidade, tecnologia e propósito em destaque, devemos priorizar essas competências em nosso próprio desenvolvimento para permanecermos relevantes.

E é exatamente desse conselho, em busca de transformação, que desejo fazer parte. Para isso, vivenciar esse momento de transição e contribuir ativamente pode ser essencial para impulsionar a mudança. Transformar conselhos, trazer novas perspectivas e incorporar características, como colaboração, empatia e vulnerabilidade, é, sem dúvida, o papel mais relevante que posso desempenhar neste momento.

Acredito que, assim, os conselhos se tornarão mais conscientes de seu impacto – não apenas no direcionamento e posicionamento estratégico, mas também em como suas decisões reverberam na sociedade e no planeta.

Após analisar o mercado, defini alguns passos-chave em temas que já identifiquei serem importantes para mim e que preciso colocar foco, desafiar crenças e criar um plano de ação. E fiz isso através de algumas perguntas organizadas em um diagrama que demonstro e disponibilizo para apoiar a sua reflexão também.

Figura 1 – Diagrama de autopercepção: jornada pessoal para conselhos

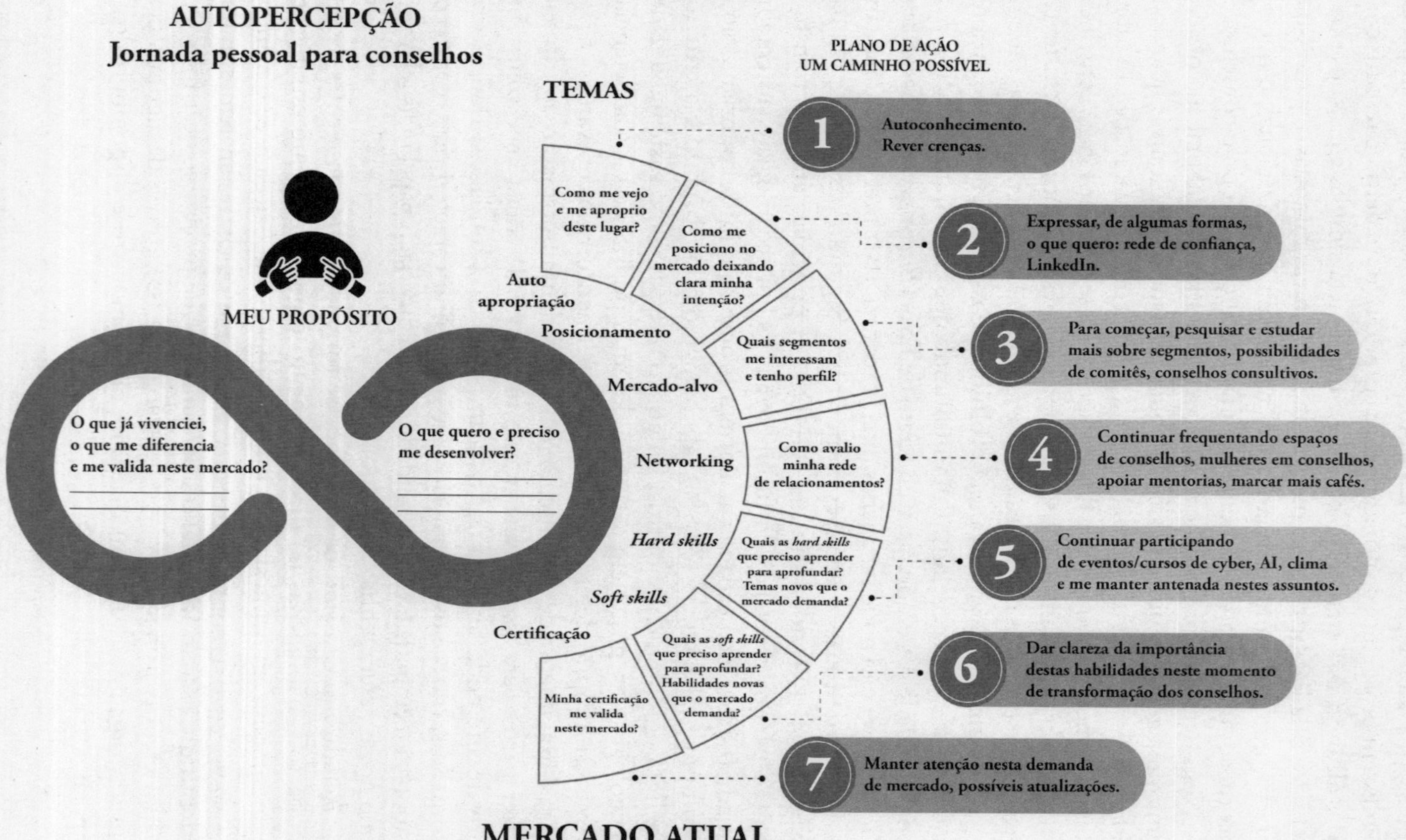

Fonte: elaboração própria.

Analisando cada um dos meus temas para poder definir próximos passos, identifiquei até o momento:

- **Auto-apropriação**: como me vejo e me aproprio desse lugar? Assumir esse espaço com clareza, buscando autoconhecimento para fortalecer minha percepção sobre minha eficácia e identificar barreiras, é um desafio constante. No entanto, acredito que é justamente nesses momentos de dúvida que somos testadas e encontramos nossa força interior. Tenho me envolvido em grupos que apoiam mulheres em conselhos, atuando como mentora e coordenadora de iniciativas voltadas a essas líderes. Essas trocas têm sido fundamentais para meu próprio aprendizado e crescimento. Em vez de permitir que barreiras nos limitem, acredito que é essencial cultivar a confiança em nossa capacidade de aprender e evoluir. Assim, conseguimos trazer perspectivas únicas que enriquecem o debate estratégico e impulsionam a visão de longo prazo nas organizações.
- **Posicionamento**: como me posiciono no mercado deixando clara a minha intenção? É preciso definir um posicionamento claro no LinkedIn e na rede de contatos, retratando minha intenção e perfil de atuação. Como me apresento? Como me posiciono como quem quer *versus* quem está em uma jornada? Talvez faça diferença. Vou continuar conversando com conselheiras/os mais experientes e headhunters.
- **Mercado-alvo**: quais segmentos me interessam e para os quais tenho perfil? Essa análise é relevante para focar os esforços. Escolher por onde começar, mapear segmentos e tipo de empresas, começar pelos comitês de assessoramento, por start-ups, por ONGs, por pequenas e médias empresas, por conselhos consultivos; uma dessas pode ser uma alternativa para mim.
- **Networking**: como avalio minha rede de relacionamentos? Talvez aqui esteja o maior espaço de desenvolvimento. Sempre acreditei que networking era uma atividade comercial e, com essa crença, acredito que não criei uma rede de relacionamento forte que possa me apoiar nesse novo contexto. Diferente do que ocorre em ambientes corporativos, em que as interações são frequentes e naturais, a criação de uma rede de apoio e indicação para conselhos exige uma abordagem mais direcionada e estratégica. Sabendo que o networking é uma via de mão dupla, dedico-me a construir essas conexões genuínas. Tenho aprendido que, ao me posicionar como parceira, e não apenas como uma futura conselheira, consigo estabelecer relações de confiança que vão além da simples troca de contatos, criando, de fato, um espaço

de crescimento conjunto. Faço parte de associações como IBGC, que promovem conhecimento e espaços de networking; colaboro de forma voluntária para o Comitê 80 em 8, do Grupo Mulheres do Brasil, um comitê que tem como missão trazer mais mulheres para ocuparem conselhos e lideranças de organizações; entre outros, nos quais busco espaços de trocas para me desenvolver, fortalecer relações de confiança e aumentar as possibilidades de indicar e ser indicada para posições em conselho.

- ***Hard skills***: quais as *hard skills* que preciso aprender ou aprofundar? Quais os temas novos que o mercado demanda? A transformação digital, a expansão da inteligência artificial generativa requer que nós, conselheiros, compreendamos não apenas os riscos, como a questão de privacidade e segurança cibernética, mas também as oportunidades de inovação estratégica que podem aumentar a competitividade e a resiliência dos negócios. Hoje, busco este conhecimento participando de eventos e cursos focados nesses temas, que acredito serem críticos. Não pretendo ser a especialista no assunto, mas devo ser hábil em formular perguntas relevantes e entender o contexto geral.
- ***Soft skills***: quais *soft skills* preciso aprender ou aprofundar? Competências relacionais, como a capacidade de conduzir processos decisórios estratégicos e inclusivos, além da adaptabilidade, são fundamentais no cenário atual. Para atuar de forma efetiva em um colegiado, a colaboração é essencial – tanto entre os indivíduos quanto no grupo como um todo. Com minha trajetória no desenvolvimento de lideranças conscientes e como mediadora, já me vejo contribuindo para construir uma dinâmica mais consciente no colegiado. Isso inclui reconhecer as potencialidades individuais, fortalecer a inteligência coletiva e garantir que cada voz tenha espaço em um ambiente inclusivo e respeitoso. Essa abordagem não só fomenta o debate e valoriza a diversidade, como também torna o conselho mais eficaz para a organização.
- **Certificação**: minha certificação me valida neste mercado? Preciso ressignificar a importância das certificações. Embora muitas vezes tenha priorizado o aprendizado prático, entendo que a certificação é um diferencial de validação no mercado e uma forma de mostrar compromisso com a formação contínua.

Minha visão como conselheira é ser uma catalisadora de transformação. Desejo que minha presença nos conselhos seja sinônimo de compromisso com a ética, a sustentabilidade e a inclusão. Quero deixar um legado que vá além dos resultados financeiros, que reflita o valor de um conselho que pensa e age em prol de um futuro melhor através das organizações.

Para finalizar, compartilho uma reflexão que carrego comigo: a de que as transformações que buscamos nos conselhos e nas organizações começam, inevitavelmente, dentro de nós. Quando somos capazes de ressignificar nossas crenças, assumir nossos valores e nos comprometermos com uma liderança responsável, nos tornamos instrumentos dessa mudança. Que a nossa jornada seja uma ponte entre o que queremos ver no mundo e o impacto real que podemos causar. Afinal, a missão de ser conselheira vai além de uma posição; é um chamado para construir o futuro que queremos ver. Eu te convido a refletir: qual é o impacto que você quer promover e causar como conselheira? Quais crenças precisará ressignificar para alcançar esse lugar? Qual é o seu próximo passo?

Referências

BRASIL. *Recomendações B20*. Brasília, 2024. Disponível em: https://b20brasil.org/documents. Acesso em: 14 dez. 2024.

GARCIA, R.; DENICOLA, P.; HALL, C. 2024 Annual Corporate Director Survey: Uncertainty and transformation in the modern boardroom. *Harvard Law School Forum on Corporate Governance*, 13 out. 2024. Disponível em: https://corpgov.law.harvard.edu/2024/10/13/2024-annual-corporate-directors-survey-uncertainty-and-transformation-in-the-modern-boardroom/. Acesso em: 18 dez. 2024.

GLOBAL NETWORK OF DIRECTORS INSTITUTES – GNDI. *The future of board governance*. Global network of directors institutes. 2022-2023 Survey report. Disponível em: https://conhecimento.ibgc.org.br/Paginas/Publicacao.aspx?PubId=24644. Acesso em: 18 dez. 2024.

KOFMAN, F. *Consciência nos negócios*: como construir valor através de valores. São Paulo: Elsevier, 2007.

INNER DEVELOPMENT GOALS – IDG. *Inner Development Goals: Transformational Skills for Sustainable Development*, c2024. Disponível em: https://innerdevelopmentgoals.org/. Acesso em: 14 dez. 2024.

INSTITUTO BRASILEIRO DE GOVERNANÇA CORPORATIVA – IBGC. *Código de melhores práticas na governança corporativa*. 6. ed. São Paulo: IBGC, 2023. Disponível em: https://conhecimento.ibgc.org.br/Paginas/Publicacao.aspx?PubId=24640. Acesso em: 18 dez. 2024.

TAYLOR, C. *Walking the talk*: a cultura através do exemplo. São Paulo: Labrador, 2022.

CAPÍTULO 04

A jornada da governança, na vida e na carreira de conselheira

Neste capítulo, a autora compartilha sua jornada de mais de 20 anos na governança corporativa, desde a graduação até a atuação como conselheira. Destaca a importância do aprendizado contínuo, da ética, da diversidade nos conselhos e do trabalho em equipe. A trajetória inclui sua participação na Diversity on Boards e a reflexão sobre o impacto das redes de relacionamento na carreira e na vida pessoal.

Barbara Grings

BARBARA GRINGS

É uma profissional sênior, com mais de 20 anos de relevante experiência profissional na estruturação de novos negócios, com ênfase em implantação de governança corporativa, gestão financeira, controladoria e gestão de riscos. Possui sólida formação acadêmica, com graduação em Administração pela Faculdade de Economia e Administração da Universidade de São Paulo (FEA-USP, 2004) e Business Management pela California State University (2002), MBA em Gestão de Riscos pela Fundação Instituto de Pesquisas Contábeis, Atuariais e Financeiras da Universidade de São Paulo (Fipecafi-USP, 2007), e mestrado em Administração (FEA-USP, 2018), na linha de pesquisa em governança e capital reputacional. É sócia-fundadora da consultoria BGestão Responsável e atua como conselheira consultiva de start-ups desde 2021. Faz parte da Diversity on Boards na posição de conselheira e líder dos comitês temáticos. Também participa de comitês de assessoramento ao conselho nos temas de transformação digital e inovação. Possui produtos digitais disponíveis nas plataformas Udemy e Hotmart sobre governança e gestão responsável, além de atuar como mentora e palestrante organizacional.

Contatos: www.bgresp.com.br
barbara@bgresp.com.br
LinkedIn: www.linkedin.com/in/barbaragrings
Instagram: @bgestao
11 91454 5887

Mais do que escrever sobre conceitos, histórias, retratos e eventos marcantes sobre governança corporativa, quero compartilhar movimento, mudança e transformação. Um ciclo que, como o vento, bate forte, bate fraco, às vezes forma tempestades, mas há dias (e muitos) de céu azul e brisa gostosa. Trabalhos de tantas fases e momentos que, nos dias de realizações, causam sensações de comemoração, alívio, plenitude e, claro, frio na barriga pelo que há por vir ainda.

E assim começou a jornada de uma vida em governança e boas práticas de gestão! Receber o convite para ser coautora convidada nesta publicação de mulheres conselheiras, *Elas no Conselho*, representa um marco de alegria e consolidação de um trabalho, mas, principalmente, de um caminhar junto à governança corporativa, e que não começou recentemente.

Quando pequena, era daquelas que brincava criando dinheirinho em papel sulfite, recibo de vendas, livrinho de contabilidade do "comércio" entre bonecas, e cuja Barbie, que originalmente era aeromoça, logo se transformou em mini Barbara executiva: andando com sua pasta com os "relatórios dos negócios".

Assim caminha a história para que, aos 19 anos, entrasse na Faculdade de Administração da Universidade de São Paulo (FEA-USP), com nítida tendência para trabalhar no mundo das finanças e gestão de negócios. O tema do trabalho de conclusão de curso (TCC) se mostrou claro quando, aos 21 anos em 2002, estudei na California State University e tive o primeiro contato com o tema da governança corporativa pela disciplina "*Business & Society*", cujo livro de mesmo nome (Carroll & Buchholtz, 2000) me fora apresentado. Disso, o TCC em governança corporativa sobre análise de conselhos de OSCIPs (organização da sociedade civil de interesse público) se tornou realidade e acabei ganhando o prêmio Ruy Leme da FEA-USP de melhor TCC de graduação em administração no ano de 2004.

A jornada estava criada, o início lançado e a carreira a seguir com tantos desdobramentos como movimentos seguindo seu fluxo. Fato é que, fazendo uma retrospectiva, é possível visualizar como valores íntegros e boas práticas de gestão (IBGC, 2023) foram cruciais e marcantes para a decisão e condutores para caminhos pautados pela governança.

Um ano antes de me formar, já como analista financeira contratada por empresa de administração e processamento de cartões de crédito de um grande conglomerado brasileiro, tive a experiência e oportunidade da minha primeira participação em uma reunião de conselho de administração. Apresentei um modelo de preços de cálculo de *internet banking*, iniciante na época, em uma reunião cujo foco era debater os caminhos desse tipo de solução para oferecer aos seus clientes. E o que temos agora? Os aplicativos bancários e de transações financeiras como uma realidade da qual já não vivemos sem. Mais de 20 anos depois, analisando aquela reunião de conselho, vejo que minha segurança com o assunto, o envolvimento da governança corporativa nos modelos de negócios e minha ingenuidade em relação ao tamanho do espaço e responsabilidade que estava enfrentando fizeram com que eu estivesse tranquila naquele momento.

Além dos valores sólidos, outro aspecto que avalio importante nesta jornada da governança para qualquer profissional é o de ser um(a) eterno(a) aprendiz: estar em constante posição de aluno(a), questionando e vibrando com novas situações que desafiam o conhecimento já adquirido. Acredito que isso torne as pessoas entusiasmadas e cheias de vivacidade, como se fosse sempre um recomeço! Sob a máxima de que quem para de aprender morre, mesmo estando vivo. No decorrer de cada movimento pessoal (ou de desenvolvimento pessoal e profissional) buscar novo conhecimento, cultura e soluções nos prepara para sermos conselheiros(as) multidisciplinares, questionadores(as) e, acima de tudo, exercer nosso maior ativo: o de sermos criativos(as)!

Modelar cenários, avaliar riscos, aportar conhecimento, decidir em colegiado, agir com responsabilidade fiduciária, gerir stakeholders (partes relacionadas), ser ético(a) e transparente: todos esses itens são entregas e faces relevantes dos(das) profissionais da governança corporativa. Além de levarmos isso aos conselhos, devemos nos entregar às boas práticas de gestão desde a base da operação até a alta gestão.

Mas que não se iluda quem pensa que uma jornada se faz de forma solitária: nunca estive sozinha nessa história! A vida tem seus atos, momentos e atores como uma linda peça de teatro! Conheci meu esposo Erik durante a faculdade e então, anos depois, vieram nossos maiores tesouros: Eduardo, Ana Beatriz e Luís Antonio, que estava lá presente (única criança permitida!) na barriga da mamãe durante a defesa da dissertação de mestrado no final de 2018. O tema? Uma pesquisa sobre capital reputacional no âmbito da governança corporativa (Grings, 2018).

Estar junto nos faz mais fortes e reais! Não há de se conceber uma história narrada somente sob o ponto de vista de quem está trabalhando isoladamente; não é sobre isso! Somos seres sociáveis, coletivos, e estar no grupo, negociar, ceder, acertar, errar e fazer novamente faz parte da narrativa. E assim são as reuniões de conselho: as decisões devem ocorrer pelo coletivo, e não pela maioria. Além disso, não há conselho com um membro só, da mesma forma que não há decisão de uma parte sozinha. Mesmo que em um pequeno grupo, a interação entre os membros é fator crucial no sucesso ou não de qualquer empreitada.

Os anos seguintes foram de grandes reviravoltas. Em 2019, conciliei a carreira executiva, consultorias em governança e a vida em família. Erik começou a trabalhar no Rio de Janeiro, ficando na ponte aérea Rio-São Paulo. Decidimos nos mudar para o Rio, no começo de 2020. Tudo organizado, apartamento alugado, crianças na escola, vida de consultoria seguindo. Logo veio a pandemia em março com suas grandes lições, mudanças e impactos na vida de todos. Foi então que, de volta a São Paulo, ainda em 2020, comecei a organizar minha mentoria em governança corporativa. Era para ser um produto on-line gravado, mas aprendemos a nos adaptar! Em janeiro de 2021, não havia mais tempo de espera: lancei a mentoria em governança para start-ups ligando para alguns amigos. Estava feito: consegui uma série de clientes do agronegócio por indicação.

Assim começou minha fase conselheira: um desses clientes, uma *edtech agtech*, após a mentoria de governança ter sido tão bem-sucedida, me convidou para ser membro do conselho consultivo. Não posso negar que consigo sentir até hoje aquela sensação de alegria! Um misto de realização no ponto de chegada e uma sensação de ponto de partida! Era isto: mais uma marca no caminho estava registrada.

Logo veio o próximo marco e, então, nasceu minha história com a Diversity on Boards:[1] criada em 2022 pela Andrea Mansano, durante seu (quase) sabático na vida executiva, sendo originalmente um grupo intitulado "Mulheres no Conselho". Nós nos conhecemos durante o curso de formação de conselheiros da Fundação Dom Cabral[2] entre outubro e dezembro de 2022 e, ao final do curso, recebi o convite para me juntar às primeiras mulheres conselheiras que se uniam a uma causa comum: fomentar a diversidade em conselhos, bandeira na qual Andrea tem forte representação.

Esse marco, assim como outros eventos, foi uma junção de preparo, fase da jornada e sorte direcionada! Não poderia deixar o destino correr solto à minha vista sem um ato tão simples quanto mandar uma mensagem àquela superexecutiva pedindo uma agenda para um café. E foi assim que, logo no começo de 2023, ganhei nova mentora: 20 anos na minha frente, com uma visão apurada para os negócios, guerreira em vidas passadas e que tinha como norte o mesmo caminho que o meu: fomentar a governança com base em valores sólidos.

A empresa surgiu de um simples café entre quatro mulheres conselheiras em outubro de 2022, que logo depois organizaram o primeiro evento com 120 conselheiras sob o nome Mulheres em Conselho. Em um ano, já eram 500 mulheres e, em março de 2024, passou a se chamar Diversity on Boards, a fim de acolher todas as diversidades! Comemorou dois anos em outubro de 2024, com muita história para contar e muitas conquistas virtuosas com seus então 1800 membros, 40 eventos realizados, mais de 150 palestras realizadas, 48 painelistas e palestrantes envolvidos, 26 marcas apoiadoras e patrocinadoras, presente no Brasil e em mais de 15 países. Esse é um exemplo concreto de força de vontade e união de inspirações! Impactou e impacta a vida de milhares de pessoas através do seu apoio a três ONGs e três institutos.

Diversity on Boards foi um divisor de águas para mim e para outros tantos profissionais. A rede de relacionamento e networking me proporcionou a vaga em meu segundo conselho, uma *socialtech* no segundo semestre de 2023. Senti, assim, como é incrível estar ao lado de profissionais de outras áreas diferentes da minha e como a colaboração, o respeito e a intensa troca nos complementam.

1 Diversity on Boards. Disponível em: https://diversityonboards.com.br/. Acesso em: 14 dez. 2024.

2 PDC – Programa de Desenvolvimento de Conselheiros (PDC) da Fundação Dom Cabral (FDC) – Turma 49.

Além disso, com o intuito de contribuir com o desenvolvimento e fomento da governança no Brasil, concebi, liderei e implantei o projeto de estruturação dos sete comitês temáticos da Diversity on Boards. Comecei a desenhá-los no início de 2024; em junho tivemos o processo de inscrições e qualificações; e no início de setembro o *onboarding* dos primeiros 70 membros. O valor que consegui gerar para o meu próprio desenvolvimento profissional foi muito relevante: não só para poder colocar em prática minhas competências de gestão e governança, mas, inclusive, para evidenciar aos primeiros membros, e aos que ainda farão parte, o quanto uma participação em um comitê é relevante na estratégia da jornada rumo aos conselhos. Conheci pessoas de altíssimo nível educacional e profissional que me deram o privilégio de ter acesso às suas histórias.

Eis que surge mais um aspecto relevante na jornada de governança: o nosso ativo individual! Somos (e devemos ser!) diferentes para a promoção da diversidade em conselhos. Não só como boas práticas, mas como gestão de riscos principalmente. Pessoas diversas terão histórias, vivências e formações diferentes que permitem, em conjunto, serem mais fortes e agregadoras. No papel de conselheiro(a), ou antes mesmo como profissional em busca do primeiro conselho ou de uma oportunidade que você deseja, faça sua rede de relacionamento crescer e cuide dela: entregue primeiro, seja solidário, esteja presente. Receita de sucesso, unida à boa preparação para a navegação que está por vir.

Como sair, então, desta leitura com inspirações e orientações práticas para sua jornada de governança rumo aos conselhos, consultivos ou de administração, ou mesmo para o ciclo virtuoso das boas práticas de gestão? Vamos começar pelo final: o desdobramento dos convites que recebi não foram ao acaso, foram consequências de múltiplas decisões e especialmente ações! Ações pequenas, como um hábito do que costumo chamar de "O Bem Querer" que nós temos.

Essa expressão é simplesmente a vontade e o espírito virtuoso de estar presente, ser presente e se manifestar com a vontade de quem quer participar. Colaborar com o que tenho e aprender sempre, isso é um reflexo da sensação de vitalidade, como se sempre estivesse começando. Sabe aquele frio na barriga do primeiro dia em um emprego novo ou no primeiro encontro? Que sintamos essa sensação com alegria e energia na vida pessoal e em cada reunião de conselho ou de negócios.

Não se faz uma carreira nem uma história somente com introdução e revisão bibliográfica. Essas são as bases, mas a mistura da base com a fundamentação da história vivida é que nos permite ter sucesso (e felicidade!) na jornada. Rede de relacionamento, networking, diversidade em conselhos, ativo sólido ou capital pessoal que você aporta como conselheiro(a), ou seja, como se diferencia, além de espírito questionador, curiosidade e aprendizado constante, nos capacitam para estarmos lá e chegarmos ainda mais longe. Ainda assim, o "lá" é muito relativo, o que importa é o caminho! Caminho que percorremos juntos como seres sociáveis e que, sim, podemos mudar!

E como diz minha querida mentora, amiga e conselheira, Andrea Mansano: "Você não chegou até aqui para chegar até aqui".

Passados mais de 20 anos de carreira, fico pensando em como este caminhar me ensinou a participar de reuniões de conselhos, dos atuais e dos que ainda estão por vir. Mas não só para a jornada em governança, mas para a vida da Barbara como um todo, no momento presente e com os presentes que recebi – minha família e meus amigos. O tempo trouxe rica formação, preparo, mas "O Bem Querer", esse já estava presente!

Referências

CARROLL, A.; BUCHHOLTZ, A. *Business and society*: ethic and stakeholder management. Nashville: South-Western College Publishing, 2000.

DIVERSITY ON BOARDS. *Diversity on Boards*, c2025. Disponível em: https://diversityonboards.com.br/. Acesso em: 14 dez. 2024.

GRINGS, B. *O papel das mídias sociais na reputação*: um estudo no setor da construção civil com aplicação de Big Data. 2018. Dissertação (Mestrado em Administração) – Faculdade de Economia, Administração e Contabilidade, Universidade de São Paulo, São Paulo, 2018. doi:10.11606/D.12.2019.tde-14012019-160106. Acesso em: 14 dez. 2024.

INSTITUTO BRASILEIRO DE GOVERNANÇA CORPORATIVA – IBGC. *Código de melhores práticas na governança corporativa*. 6. ed. São Paulo: IBGC, 2023. Disponível em: https://conhecimento.ibgc.org.br/Paginas/Publicacao.aspx?PubId=24640. Acesso em: 22 jan. 2025.

CAPÍTULO 05

Conselheira por um propósito

Para mulheres que aspiram ao alto escalão, não basta apenas competência, é preciso: coragem, resiliência e alinhamento com seus valores. Neste capítulo, compartilho reflexões que moldaram meu propósito e como o conselho se conecta a ele, convidando você a explorar esse caminho enquanto traça sua própria rota rumo ao conselho.

Ana Paula Mattar de Moura Costa

ANA PAULA MATTAR DE MOURA COSTA

Tem mais de 30 anos de experiência no varejo e na indústria de bens de consumo, liderando iniciativas estratégicas em empresas globais como Walmart, Unilever, C&A e Rituals Cosmetics. Atua como consultora em projetos de planejamento estratégico, inovação e geração de valor. É conselheira de administração certificada pela Board Academy, formada em Administração pela Fundação Getulio Vargas (FGV), com MBA pela Goizueta Business School, Emory University, e especialização em Social Innovation Management pelo Amani Institute. Está comprometida com a liderança com o propósito de alavancar sua experiência para ajudar empresas a prosperarem a partir da construção de valor para seus múltiplos stakeholders.

Contatos: mattaranapaula@gmail.com
LinkedIn: www.linkedin.com/in/anapaulamattar

Olhando para fora e dando sentido ao que vem de dentro

Nascemos e somos moldados pelo contexto em que vivemos, mas também temos a capacidade única de atribuir significados aos acontecimentos de maneira singular. Ainda que em um mesmo ambiente, como no caso de irmãos, cada indivíduo desenvolve talentos, habilidades, valores e necessidades próprios. Isso reflete nossa singularidade – um produto da interação entre experiências, personalidade e sensibilidades.

Essa perspectiva mostra que somos, ao mesmo tempo, moldados e agentes de transformação. O aprendizado é mais do que absorver o que vem de fora; é um processo ativo que nos permite não apenas aprender, mas também construir algo novo. Reconhecendo o impacto mútuo entre nós e o mundo, podemos fazer escolhas mais conscientes para um futuro inclusivo e próspero.

Quando jogamos uma pedra em um lago tranquilo, ela cria uma série de ondulações que se espalham em círculos, partindo do ponto onde a pedra tocou a água. Esse movimento é uma metáfora rica para muitos aspectos da vida.

O impacto inicial simboliza nossas ações, grandes ou pequenas. Assim como a pedra perturba a superfície da água, cada ação que tomamos – uma palavra dita, uma escolha feita – gera um efeito que se propaga ao nosso redor, muitas vezes indo muito além do ponto de origem. Esses círculos, ou ondas, representam as consequências que podem tocar vidas e situações que nem sempre imaginamos.

Somos ao mesmo tempo o lago que recebe as ondas e a pedra que cria novas ondas. O mundo, assim como o lago, se expande continuamente à medida que crescemos. A relação entre nós e o contexto em que vivemos é dinâmica e contínua: somos moldados pelas circunstâncias ao nosso redor, mas também temos o poder de influenciar e transformar esse ambiente por meio de nossas ações. Essa consciência do nosso potencial empoderador é especialmente poderosa quando se tem um propósito claro a realizar.

O que é um propósito e de onde ele emerge?

O propósito é uma direção clara e significativa que guia nossas decisões e ações, conectando-as aos nossos valores mais profundos, ao que consideramos importante. Ele dá sentido às nossas escolhas, alinhando o que fazemos com o que desejamos gerar no mundo.

Normalmente, um propósito emerge de um desconforto ou uma insatisfação – uma percepção de desalinhamento entre o que vivemos e o que acreditamos ser essencial, baseada em nossos valores e experiências. Esse incômodo funciona como uma faísca inicial, impulsionando-nos a refletir, questionar e buscar por respostas.

Para que esse sentimento se transforme em um propósito, é necessário interpretá-lo e conectá-lo aos nossos valores e às nossas competências, convertendo-o em uma intenção clara, acompanhada de ações que promovam a mudança desejada. Dessa forma, o propósito deixa de ser apenas um ideal e se torna uma força orientadora, conferindo sentido e direção às nossas escolhas e realizações.

A vida se estabelece em equilíbrio dinâmico

Estar em um conselho sempre fez parte do meu plano de carreira. No entanto, o papel que desejo desempenhar como conselheira evoluiu ao longo dos anos.

Minha carreira começou com posições de liderança em grandes multinacionais, onde o sucesso era medido pela superação de metas ambiciosas.

Meu objetivo inicial era ser financeiramente independente e reconhecida como uma gestora de sucesso, adaptando-me às regras do jogo, estabelecidas historicamente por homens para homens.

Em 2013, aos 42 anos, tornei-me mãe – uma realização que adiava há anos, sem vislumbrar como equilibrar uma carreira exigente com a maternidade, algo que me incomodava profundamente.

Até então, as posições de liderança que ocupei exigiam viagens frequentes e longas horas de dedicação. Em 2014, aceitei ser diretora de produtos na multinacional onde iniciei minha carreira, acreditando que, sem viagens, encontraria o equilíbrio entre realização profissional e maternidade, que havia se tornado central para mim.

Contudo, percebi uma discrepância entre os valores declarados e a prática da empresa, que, como ouvi de um líder, parecia uma "máquina de moer seres humanos". Todos sabemos que, para prosperar em uma organização, é preciso nos adaptar à cultura. Mas me adaptar seria apenas apertar o botão da continuidade, e eu queria mudança. Dessa vez, resolvi que não faria tal adaptação. Ver meu filho acordado apenas nos finais de semana ia contra os meus valores mais profundos. Ele trouxe a coragem necessária para repensar minha carreira e refletir sobre como eu poderia influenciar mudanças que tornassem o contexto dos negócios mais inclusivo – e, consequentemente, mais produtivo.

Decidi dar um passo atrás e aceitei ser diretora em uma empresa menor, na qual pude repensar meu reposicionamento e investir minha energia no futuro. Uma coisa era certa: manteria minha carreira, mas não em uma organização que celebrava práticas desumanas.

Quando tomei essas decisões, agi por instinto. Hoje, porém, compreendo que uma das estratégias essenciais da natureza à vida é a busca pelo equilíbrio. Na natureza, a vida se estabelece em equilíbrio dinâmico, e nós somos parte dela. Não nos adaptarmos às mudanças do nosso contexto, sejam elas planejadas ou não, pode, no limite, nos conduzir à estagnação ou até mesmo à morte. Por isso, em vez de temer desafios ou mudanças, eu procuro abraçá-los e me pergunto como posso me adaptar para restabelecer o equilíbrio.

Propósitos são respostas a incômodos – olhe para dentro

Entre 2014 e 2017, vivi um período de profunda reflexão. A maternidade trouxe alegria, mas também muitos questionamentos sobre o que realmente importava.

Enquanto sociedade, enfrentávamos insegurança e imprevisibilidade: em 2016, o Brasil estava em recessão e a Lava Jato avançava. No mundo corporativo, eu via líderes letárgicos, insatisfeitos com o contexto, mas sem clareza para promover mudanças.

Naquele momento, a metáfora da pedra no lago ganhou novo significado. Pequenas ações individuais podem criar ondas de impacto além de nós. Essa percepção reforçou minha crença na interdependência: cada ação, por menor que seja, influencia o todo. Comecei a me questionar: qual é meu papel? Que mundo meu filho herdará? Qual é minha responsabilidade em moldá-lo?

A clareza veio em 2017, quando meu marido compartilhou o conceito de criação de valor compartilhado, descrito por Mark Kramer e Michael Porter em 2011. O artigo propunha que empresas integrassem a criação de valor social ao modelo de negócios, alinhando performance econômica à solução de desafios sociais, como desigualdade, saúde e sustentabilidade.

Em 2018, participei do Summit da Shared Value Initiative (SVI), em Nova Iorque. Os casos apresentados demonstraram como o valor compartilhado gerava resultados impressionantes para negócios e sociedade, algo que me tocou profundamente. Dane Smith, líder global da prática de Shared Value Creation, foi minha inspiração e mentor nessa jornada.

Compreendi que ajudar empresas a criarem valor compartilhado era uma forma de alavancar meu conhecimento para impulsionar o desenvolvimento socioeconômico sustentável, resultando em um futuro mais justo para as próximas gerações. Em 2021, quando Dane anunciou o e-book *Purpose Playbook*, um guia prático sobre propósito empresarial e valor compartilhado, propus coordenar sua tradução e divulgação no Brasil pela Parsifal21.

Assim, com o tempo, CEOs começaram a me procurar para orientar projetos que integram inovação, impacto, cultura e estratégia – uma agenda de conselho.

Expandindo meu impacto através do conselho

O conselho é o guardião da estratégia empresarial e tem a responsabilidade de assegurar a longevidade das organizações.

Em uma sociedade hiperconectada, a reputação empresarial é essencial à longevidade empresarial. Cada vez mais empresas buscam responder à pressão social declarando propósitos inspiradores. Mas isso não basta; para conquistar a confiança da sociedade é preciso entregar a promessa do propósito. A criação de valor compartilhado é uma prática poderosa para concretizar essas aspirações corporativas. Como conselheira posso facilitar a adoção dessa prática em mais empresas que conseguiria como executiva ou consultora.

As decisões que tomamos no conselho, por menores que pareçam, podem gerar ondas de transformação. Por meio de escolhas estratégicas, impactamos não apenas os resultados financeiros, mas também construímos um futuro mais sustentável e justo.

Como o propósito pode ser útil na jornada para o conselho?

A jornada para o conselho não é trivial. Trata-se de um mercado altamente competitivo e, por ora, limitado. O que me diferencia é o meu propósito: uma combinação de resiliência, visão estratégica e engajamento com as questões mais críticas do mundo atual. Ele me posiciona como uma força transformadora, capaz de ajudar empresas a prosperarem enquanto constroem um futuro melhor para todos. Minha contribuição vai além da geração de valor econômico – ela está conectada à criação de soluções que tornam os negócios mais longevos, responsáveis e relevantes em um mundo cada vez mais exigente.

Desde que tive um filho, percebi a responsabilidade que temos com o futuro das novas gerações. Entendi que as empresas desempenham um papel essencial nesse processo. Elas são grandes influenciadoras de comportamento social, detêm o conhecimento necessário para promover mudanças e precisam alinhar seus interesses aos da sociedade para garantir sua sobrevivência no longo prazo.

Inquieta e inconformista, por muito tempo me perguntei: **como alinhar minha visão de mundo à minha profissão**? O conceito de criação de valor compartilhado foi o catalisador do meu propósito, mas não o define.

Nem todas as empresas estão prontas para criar valor compartilhado, mas acredito que todas podem se beneficiar de práticas que gerem benefícios mútuos para o negócio e a sociedade, e é ciente desse contexto que busco realizar meu propósito de ajudar empresas a prosperarem a partir da construção de valor para seus múltiplos stakeholders.

Mas não se enganem: meu propósito não se limita ao trabalho. Ele orienta minhas escolhas em todas as esferas da vida. Perguntas como "O que meu dinheiro nutre?" guiam minhas decisões de consumo e investimento. Ser coerente com meu propósito não significa desconsiderar minhas necessidades de curto prazo – por exemplo, meu carro ainda é a gasolina. Para nutrir o florescimento das próximas gerações, também preciso cuidar da minha própria vida. O mesmo princípio é válido para empresas orientadas a propósito.

Afinal, a vida não é linear; ela se desenvolve em equilíbrio dinâmico. E é essa arte de encontrar equilíbrio – individual e coletivamente – que nos mantém vivos e nos permite avançar. Meu propósito é meu norte, uma bússola que conecta a visão de um mundo melhor à prática de escolhas conscientes e transformadoras.

Se você está nessa jornada, minha dica é: encontre a conexão entre seu propósito e esse caminho. Em minha experiência de alinhar nossas aspirações profissionais àquilo que acreditamos e desejamos construir, o percurso se torna significativo e gratificante, ganhamos resiliência. É essa conexão que mantém a motivação acesa, mesmo diante dos desafios inevitáveis.

Quando nos concentramos no significado do que fazemos e no impacto que causamos, o propósito tende a se revelar organicamente ao longo do tempo, moldado pelas experiências e pelas conexões que criamos com o mundo ao nosso redor.

Se isso ainda não aconteceu com você, aqui estão alguns passos que podem ajudar:

1. Inicie uma jornada de autoconhecimento.

- Reconheça momentos significativos de sua vida.
- Identifique seus valores, suas habilidades e seus talentos.

Pergunte-se: quais momentos trouxeram maior aprendizado ou satisfação para mim?

2. Reflita sobre o que realmente te incomoda.

- O que você gostaria que fosse diferente no mundo?
- Se pudesse resolver um único problema, qual seria e por quê?

Pergunte-se: de que forma posso atuar para promover a mudança que desejo ver?

3. Tome ações práticas e conecte-se com os outros.

- Converse com pessoas que admira e entenda como elas vivem seu propósito.
- Participe de iniciativas alinhadas aos valores que deseja cultivar.

4. Anote suas reflexões para identificar padrões.

Lembre-se: o propósito não é um destino fixo – é a bússola que orienta cada passo da sua jornada. Ele é vivo, evolui com o tempo e não precisa ser perfeito. O essencial é dar o primeiro passo.

Finalmente, esses princípios também se aplicam às empresas. Empresas que se propõem a realizar seu propósito de forma lucrativa tornam-se mais inovadoras, responsivas e resilientes. O propósito não só guia suas ações, mas também fortalece sua posição no mercado, criando valor sustentável para os stakeholders e garantindo seu sucesso a longo prazo. Quando o propósito está alinhado com a estratégia, as empresas se destacam em um mundo cada vez mais dinâmico e exigente.

O mundo precisa de pessoas e empresas verdadeiramente comprometidas. Por que não começar agora?

Referências

BENYUS, J. M. *Biomimicry*: innovation inspired by nature. Nova Iorque: Harper Collins, 1997.

PORTER, M. E.; KRAMER, M. R. The big idea: creating shared value. *Harvard Business Review*, Cambridge, v. 89, p. 62-77, 2011.

SHARED VALUE INITIATIVE – SVI. *Purpose Playbook*. A guide to activating your purpose. [*s. l.*], 2021. Disponível em: www.sharedvalue.org/resource/purpose-playbook-portuguese-translation/. Acesso em: 14 dez. 2024.

CAPÍTULO 06

A mudança que começa nas pessoas

ESG no conselho

A visão de sustentabilidade pode até ser bem-vinda por muitas empresas, mas é altamente influenciada por diversos fatores incluindo políticos, culturais e financeiros. Neste artigo, trago alguns obstáculos e benefícios para a discussão da pauta ESG em conselhos.

Giuliana Preziosi

GIULIANA PREZIOSI

Sócia na Conexão Trabalho Consultoria, tem mestrado em Gestão para Sustentabilidade pela Fundação Getulio Vargas (FGV), com MBA também relacionado ao tema, pós-graduação em Neurociências e Comportamento pela Pontifícia Universidade Católica do Rio Grande do Sul (PUC-RS) e em Desenvolvimento de grupos pela Sociedade Brasileira de Dinâmicas de Grupo. Possui especialização em Planejamento Estratégico pela Universidade da Califórnia, Berkeley; é conselheira certificada pela Board Academy, PFCC e Lean Governance. Trabalha com Sustentabilidade e ESG há mais de 24 anos, além de realizar treinamentos e palestras para empresas de diferentes portes no Brasil e no exterior. É especialista em engajamento, relacionamento com stakeholders, psicologia positiva e ciência da felicidade. Como criadora do projeto "Histórias pelo Mundo", viajou pelo mundo por 530 dias passando por 37 países. É coautora do livro *Bora inspirar 2*, mentora nos Programas Alumni FGV e Fellows ABRAPS, além de conselheira, facilitadora, palestrante, professora e colunista da Revista *Plurale*.

Contatos: www.giulianapreziosi.com.br
www.conexaotrabalho.com.br
giuliana@preziosi.com.br
LinkedIn: www.linkedin.com/in/giuliana-preziosi/
Instagram: @giulianapreziosi

Trabalho com sustentabilidade há mais de duas décadas e, se tem algo que aprendi há muito tempo, é que essa pauta só vai para frente quando tem envolvimento direto da liderança. Tem que ser estratégico, e por isso é pauta de conselho!

Em meados dos anos 2000, o mundo empresarial ainda não conhecia o conceito ESG,[1] que trata de aspectos ambientais, sociais e de governança; mesmo a pauta de sustentabilidade ainda era rara. Falava-se em responsabilidade social corporativa e havia muita confusão sobre o que era isso. Mas felizmente muita coisa mudou e evoluiu. A principal delas foi a relevância e o melhor entendimento desse conceito. Por muito tempo prevaleceu a visão de Milton Friedman[2] colocando que a principal função de uma empresa era dar lucro para os seus acionistas – ainda bem que essa visão mudou! Hoje o foco está muito mais atrelado a gerar valor para todos os seus stakeholders,[3] abordagem trazida por Edward Freeman[4] na década de 1980, mas que só se perpetuou nos últimos anos. Falar de sustentabilidade é falar de geração de valor, de mudança de mentalidade, de visão sistêmica e principalmente de estratégia.

Sempre trabalhei no meio empresarial, passando por grandes empresas nacionais e multinacionais que tinham um compromisso estabelecido com uma visão de sustentabilidade, mas nunca foi fácil ou simples lidar com essa pauta. Se a alta gestão não compra a ideia ou não entende seu verdadeiro valor, a sensação é de enxugar gelo.

---

1 *ESG – Environmental, Social and Governance* ou Ambiental, Social e Governança em português.

2 Milton Friedman foi um economista, estatístico, escritor e professor estadunidense, que lecionou na Universidade de Chicago por mais de três décadas. Recebeu o Prêmio Nobel em 1976.

3 Todas as partes interessadas com que uma empresa se relaciona.

4 Edward Freeman, filósofo e professor de ética e negócios. Em 1984, publicou o livro *Strategic management: a stakeholder approach*, lançando a ideia de que as empresas existem para dar retorno a todas as partes interessadas.

Para entender o papel do conselho no que tange ao ESG, vou começar esclarecendo do que estou falando. É fato que atualmente vivemos em um mundo cheio de disrupções, sejam elas sociais quando vemos problemas como a fome, a extrema miséria, pessoas vivendo com menos de 1 dólar por dia, falta de educação básica e mesmo a necessidade de maior diversidade, equidade e inclusão; no âmbito ambiental, o aquecimento global cada vez mais latente, aumento de poluição, desmatamento, escassez de recursos, entre outros fatores; e ainda tem o lado espiritual, com as pessoas se desconectando delas mesmas, níveis altos de depressão, estresse, ansiedade e burnout[5] são exemplos disso. Tudo isso afeta a humanidade, a sociedade e consequentemente as empresas. Qualquer empresa que queira a perenidade dos seus negócios precisa olhar para essas questões para garantir que seus negócios prosperem no futuro. É por isso que falo que sustentabilidade é estratégia.

Uma pesquisa da Singularity University[6] diz que 80% das empresas que existem hoje vão deixar de existir até 2050. Quais fatores vão impulsionar essa mudança? Eu não tenho dúvidas que questões sociais, ambientais e de governança estão no topo da lista.

Pesquisas mostram uma crescente opinião de CEOs validando a relevância do ESG, mas, por outro lado, o mercado é emocional e influências político-econômicas podem desencadear uma onda anti-ESG facilmente. Na prática nunca é simples, muito pelo contrário, e vou explicar os motivos, já que como conselheira a gente precisa estar preparada para lidar com obstáculos. Vamos passar por alguns deles.

Tempo de resposta para mudanças efetivas

Quando a gente diz que "corremos contra o tempo" não é eufemismo algum, é puramente a realidade. Os exemplos são claros: os objetivos de desenvolvimento sustentável estipulados pela ONU em 2015 já não serão alcançados em sua totalidade até 2030; vários estudos mostram que não vamos conseguir manter o limite de aumento da temperatura global em 1,5 °C. Segundo a ONU, se não aprimorarmos as políticas atuais, o mundo chegará a um aumento catastrófico da temperatura de até 3,1°C.

5 Burnout é um estado de exaustão física, emocional e mental causado por estresse excessivo e prolongado no ambiente de trabalho.

6 A Singularity University incentiva os alunos a encontrarem soluções de problemas globais através da tecnologia.

Por mais que a pauta ESG tenha ganhado força com sua popularização nos últimos anos, sabemos que mudar uma cultura empresarial não é tarefa simples, a menos que exista uma alta liderança comprometida com um propósito maior, em executar seu negócio sem alimentar os problemas atuais já existentes. E, veja só, isso é bom para os negócios! É sobre investimento em inovação, tecnologia verde, avaliação de ciclo de vida do produto, descarbonização, ética e transparência, aumento da diversidade, relacionamento com comunidade, práticas justas de remuneração e trabalho, entre várias outras coisas. O ponto aqui é que a velocidade da mudança precisa ser maior.

Ações pontuais x programas contínuos

"Minha empresa investe em sustentabilidade, adotamos a coleta seletiva e não temos mais copinhos plásticos". Cansei de escutar isso! São ações bacanas, mas sabe quando o buraco é muito mais embaixo... Ações pontuais e descoordenadas de uma abordagem central tendem a virar *greenwashing*,[7] ou seja, uma propaganda enganosa. Você já deve ter ouvido casos de empresas expostas por fomentar trabalho análogo à escravidão em sua cadeia de fornecedores ou causar desastres ambientais. Danos de reputação podem ser avassaladores, virando um ponto crítico para o conselho administrar.

Projetos pontuais podem ser um início, mas sustentabilidade é uma pauta transversal e, para ser genuína, precisa permear todas as áreas e, principalmente, deve estar atrelada à abordagem de negócios. Pense na relação do produto ou serviço com as disrupções que vivenciamos, seu modelo de negócio e planejamento para os próximos 5 e 10 anos.

Falar de ESG é lidar com *trade-offs*[8]

Já participei de muitas reuniões de comitês de sustentabilidade, principalmente em grandes empresas, e sempre vão surgir questionamentos que põem em xeque a visão de curto x longo prazo. Aprendi que a melhor coisa é estar preparada com dados, números e evidências, de preferência atreladas a questões econômicas e financeiras. Aqui daria até para falar do desafio de tangibilizar o ESG em questões financeiras, mas renderia outro capítulo. Vale

7 Termo conhecido como "lavagem verde", quando uma empresa se posiciona de forma sustentável por apenas um ou outro atributo, sem uma prática maior coerente ou integrada.

8 Quando você tem que escolher entre duas ou mais alternativas, mas não há ganha-ganha, sempre há um "preço" a ser pago por determinada decisão.

destacar que o termo ESG tem sua origem no mercado financeiro, quando investidores passaram a ver seu valor e impacto na longevidade das organizações. Só que não é simples calcular o impacto, uma vez que a economia clássica considera os recursos naturais ilimitados e o custo das externalidades que estamos causando enquanto sociedade é pago por todos nós com as disrupções que estamos vivendo. O que quero dizer é que a implementação de práticas ESG carrega externalidades difíceis de serem computadas na ponta do lápis.

Alguns exemplos de *trade-offs* que podem impactar reuniões de conselho são:

- **Rever a cadeia de fornecedores para alcançar práticas mais sustentáveis**: esses fornecedores podem ter custos mais altos, afetando as margens de lucro da empresa, mas por outro lado podem alinhar a empresa com práticas éticas e sustentáveis.
- **Desenvolver novos produtos com materiais recicláveis**: o tempo e os recursos necessários para pesquisa e desenvolvimento podem atrasar o lançamento de produtos, mas resultam em ofertas mais alinhadas com as demandas de consumidores conscientes.
- **Implementar políticas de diversidade e inclusão no conselho de administração**: a busca por um conselho mais diverso pode exigir mudanças significativas nos critérios de seleção de membros, resultando em um processo de recrutamento mais longo ou desafiador. Isso pode ser visto como um obstáculo; no entanto, um conselho mais diverso pode oferecer uma gama mais ampla de perspectivas e experiências, levando a uma melhor tomada de decisão e a um maior alinhamento com as expectativas de mercado.

É claro que eu não poderia deixar de citar a pauta da ampliação da diversidade nos conselhos. Segundo o Índice Global de Disparidade de Gênero,[9] precisaremos de 134 anos para atingir a equidade de gênero. Lembra-se do primeiro ponto, a questão do tempo? Pois é! Não adianta uma empresa se posicionar como diversa e inclusiva e minimamente não ter mulheres em seu conselho. O discurso precisa ser coerente com a prática, mesmo que for para assumir que é preciso mudar processos e programas para uma atuação mais sustentável. Quando o ESG está atrelado ao negócio e sua estratégia, fica mais clara a tomada de decisão baseada em dados que justifiquem as escolhas.

9 Índice Global de Disparidade de Gênero, divulgado pelo Fórum Econômico Mundial em junho de 2024.

Eu sempre me considerei uma pessoa otimista e, quanto mais eu atuava com sustentabilidade ou estudava sobre o tema, confesso que era difícil lidar com o sentimento de que os problemas só vão se agravar no futuro. Mas resolvi acreditar no poder transformador das pessoas e principalmente de grupos que acreditam que o caminho é pela colaboração, e não pela competição. Participar deste livro é parte disto. Atuar em conselhos é sobre lidar com as pessoas, com seus sonhos e com suas frustrações, mas acima de tudo com suas visões de mundo.

Otto Scharmer[10] tem uma frase que sempre me fez refletir muito: "Por que estamos criando resultados que ninguém quer?". Alguém acorda de manhã e fala "Vou destruir o Planeta?". Acho que não, porém é o que estamos fazendo enquanto Humanidade. Por isso, no fundo, tudo é sobre pessoas, é sobre entender nosso impacto e ser sagaz o suficiente para gerar lucratividade trazendo soluções, e não contribuindo para aumentar os problemas existentes. Conselheiras e conselheiros têm um papel fundamental para mudar esse jogo.

E ter clareza dos obstáculos nos deixa mais preparadas para enfrentá-los. Por isso, aqui estão alguns motivos fundamentais para integrar o ESG nas discussões estratégicas de um conselho:

1. **Visão de longo prazo**: o ESG ajuda as empresas a focarem no longo prazo. Considerações ambientais, sociais e de governança podem proteger a empresa contra riscos futuros, como mudanças regulatórias ou desastres ambientais, que podem impactar negativamente as operações e a reputação.

2. **Atração de investimentos**: investidores institucionais e fundos de investimento estão cada vez mais considerando fatores ESG em suas decisões. Empresas que demonstram um forte compromisso com tais práticas atraem mais investimentos, pois são vistas como menos arriscadas e mais preparadas para o futuro.

3. **Reputação e marca**: as práticas ESG podem melhorar a reputação de uma empresa, construindo uma marca positiva que ressoe com consumidores, investidores e a sociedade em geral.

4. **Engajamento de stakeholders**: discutir ESG no conselho ajuda a empresa a alinhar suas operações com as expectativas de vários stakeholders, incluindo clientes, funcionários, comunidades locais e reguladores. Isso pode resultar em um melhor engajamento e em relações mais fortes.

10 Otto Scharmer é professor do MIT e um dos criadores da Teoria U.

5. **Inovação e eficiência**: a integração de práticas ESG pode levar a inovações em produtos e processos, resultando em maior eficiência operacional.
6. **Gestão de riscos**: o ESG oferece um *framework* para identificar e mitigar riscos que podem não ser capturados por análises financeiras tradicionais. Isso inclui riscos ambientais, como mudanças climáticas; riscos sociais, como condições de trabalho; e riscos de governança, como corrupção e práticas antiéticas.
7. **Conformidade regulatória**: com o aumento das regulamentações ambientais e sociais em várias jurisdições, discutir ESG ajuda a garantir que a empresa esteja em conformidade com as leis e normas vigentes, evitando multas e sanções.
8. **Cultura corporativa e retenção de talentos**: empresas que priorizam ESG tendem a atrair e reter talentos, especialmente entre as gerações mais jovens que valorizam a responsabilidade social corporativa. Isso pode resultar em um ambiente de trabalho mais motivador e produtivo.

Sempre quis trabalhar com algo que fosse disruptivo e atuar nessa área há tantos anos me trouxe isso; só não esperava que fosse tão desafiador. Logo no começo da minha carreira, meu objetivo era entender melhor o que era essa tal de sustentabilidade, mas depois eu vi que precisaria entender de pessoas e fui estudar Psicologia e Neurociência para encontrar formas de engajamento e mobilização. E foi então que descobri que meu propósito era poder inspirar pessoas para serem protagonistas de uma mudança necessária no mundo em que vivemos. E onde está o poder de decisão capaz de mudar uma cultura organizacional, estratégia, missão e valores? Na alta gestão.

Confesso, nunca me imaginei entrando em uma carreira de conselheira, mas, quando descobri o quanto isso poderia ser significativo para meu propósito, a coisa mudou; era o meu próximo passo a ser dado. Trabalhando no meio empresarial há tantos anos, me dei conta de que a transformação acontece de dentro para fora, começa na mudança de mindset, na forma de enxergar o mundo e no seu papel pessoal e profissional nesta jornada. Afinal, "o sucesso de uma boa intervenção, depende da qualidade interna de seu interventor" (Willian O'Brien).

E você, atuando em um conselho, qual legado quer deixar para as próximas gerações?

CAPÍTULO 07

De engenheira agrônoma a conselheira independente

Minha trajetória no agronegócio

Como engenheira agrônoma, minha trajetória no agronegócio foi (e é) marcada por desafios constantes, superações e uma busca por conhecimento para atuar na transformação do setor agrícola, tornando-o mais sustentável, inclusivo e inovador.

Alessandra Cerdeira Fajardo

ALESSANDRA CERDEIRA FAJARDO

Com quase 30 anos de experiência dedicada ao agronegócio, relações governamentais e sustentabilidade, reúne um vasto conhecimento e experiência em estratégia de negócios. Com formação em Engenharia Agronômica pela Universidade de São Paulo (ESALQ-USP) e especializações em marketing, negócios e sustentabilidade. Ao longo de sua carreira, ocupou cargos em diversas empresas, com destaque para a Bayer, onde trabalhou por 15 anos. Atualmente, atua como *senior advisor* para a COP30 pelo Conselho Empresarial de Desenvolvimento Sustentável (CEBDS) e é conselheira independente de algumas instituições, sendo a mais recente a Prefeitura do Campus da ESALQ-USP. Ao longo de sua carreira teve a oportunidade de representar as empresas em diversas organizações e liderar compromissos em temas essenciais da agricultura ambiental, como mercados de carbono, desmatamento, biodiversidade e mudanças climáticas. Sua busca pela excelência a leva a alavancar a inovação e a colaboração para enfrentar os desafios do setor e trilhar o caminho para um futuro sustentável.

Contatos: alessandrafajardo@terra.com.br
LinkedIn: www.linkedin.com/in/alessandra-fajardo/

A vida só pode ser compreendida olhando-se para trás, mas só pode ser vivida olhando-se para a frente.
Soren Kierkegaard

Ao longo da minha carreira, enfrentei obstáculos que muitas mulheres ainda encontram nesse universo predominantemente masculino. O que começou como uma paixão pela agricultura se transformou em uma carreira longeva, que, mais tarde, me levou à posição de conselheira independente. Curiosamente, não fui eu quem procurei essa transição – foram empresas que me buscaram para ocupar esse espaço. Mas me deixe voltar um pouco para poder contar essa história desde o começo.

O início de uma jornada

Minha história com a agricultura começou aos dez anos de idade, talvez até antes disso, nas histórias contadas pela minha mãe e minha avó, imigrantes da Espanha, que me falavam da fazenda em que nasceram. Cresci em São Paulo e, apesar de passar apenas algumas férias nessa fazenda distante, sempre senti uma relação íntima com a terra e com a agricultura.

A influência desse ambiente foi determinante para a escolha da minha carreira. Desde jovem, sonhava em ser engenheira agrônoma, mas, apesar dessa história começar no carinho das histórias da família, não se engane, eu sempre gostei mesmo é do negócio agrícola.

Meu olhar era do *business*, contribuir para a evolução do setor agrícola, ajudando a resolver os desafios da produção, da sustentabilidade e da gestão de recursos naturais. Quando entrei na universidade, minha visão era clara, mas eu não sabia o quão árduo seria o caminho.

Após a graduação, entrei no mercado de trabalho com o sonho de fazer a diferença. Trabalhei em diversas funções, majoritariamente em marketing, em empresas do agronegócio e tive a oportunidade de morar em alguns lugares, mas quando fui morar no Cerrado é que percebi o que muitas mulheres nesse setor enfrentam: uma cultura dominada por homens. Contudo, a gente se supera e quero poder acreditar que, a cada porteira que abri, pude abrir o olhar, a mente e as portas para mulheres que já estavam inseridas no agro e que só não haviam dado um nome ou um cargo ao que vinham exercendo profissionalmente. Quero poder acreditar que, ao chegar a uma propriedade, sozinha, mostrei para jovens que nada era impossível, já que uma garota de São Paulo estava enfiada no meio do Cerrado.

As multinacionais onde trabalhei foram grandes escolas e sempre me ofereceram muitas oportunidades de aprendizado. Em cada passo da minha carreira, sabia que precisava mostrar meu valor para permanecer no espaço conquistado. Às vezes, isso significava ser mais firme nas minhas opiniões e ações e ao longo da história isso se mostrou benéfico, já que perdi o medo de ousar e errar, contribuindo cada vez mais com os times. Esse exercício constante para superar desafios se transformou em uma motivação permanente para seguir em frente.

A busca das empresas pelo meu olhar estratégico

Após alguns anos de experiência, eu já estava em um cargo de direção estratégico e com uma visão mais holística do setor. Nesse momento, assumi posições que me expunham, me mostravam ao mercado. Por diversas vezes representei as empresas em associações, entidades de classe e em várias delas tive a oportunidade de ser presidente, colíder e membro de comitês estratégicos e gestores. Isso ampliou não só o conhecimento, mas a gestão de relacionamento, o networking.

As empresas começaram a me buscar para ocupar posições de conselheira independente. Não fui eu quem procurei essa mudança, mas sim as próprias empresas, que viram em meu perfil uma oportunidade de trazer uma visão diferente para suas governanças.

Os primeiros convites vieram de empresas agrícolas de pequeno e médio porte que estavam em processo de expansão e queriam transformar suas práticas de gestão. Eles viam em mim uma combinação rara: um conhecimento do negócio adquirido nos anos em multinacionais e uma visão estratégica que havia cultivado ao longo de minha carreira, voltada para inovação e sustentabilidade. Essas empresas queriam alguém que pudesse ajudá-las a navegar em um mercado em transformação, em que a governança, a responsabilidade social e a sustentabilidade eram cada vez mais exigidas.

Embora os convites para os conselhos fossem aparecendo, essa não era uma transformação que eu estava disposta a fazer naquele momento, e então me mantive fiel à minha posição na multinacional, onde sentia que ainda tinha muito a contribuir. A realidade é que as multinacionais, por mais que me desafiassem, também eram locais onde eu poderia fazer mudanças substanciais dentro de uma estrutura, e o aprendizado era contínuo.

A questão é que, enquanto ainda ocupava o meu cargo corporativo, já me sentia atraída por esse novo papel de conselheira, que me permitiria ter um impacto maior, mais estratégico, em um número maior de empresas. Porém, era difícil escolher se aquele era o momento correto ou não.

A resistência à inclusão de mulheres nos conselhos

Aceitei uma primeira proposta para ser conselheira, mas antes levei o assunto ao time de compliance interno da multinacional que estava atuando e, como não havia conflito de interesses, concordaram que eu pudesse atuar como conselheira em paralelo às minhas atividades. Já havia outros profissionais que ocupavam essa função, então o processo foi fácil.

Com o tempo, percebi que atuar como conselheira independente seria um caminho não só para expandir minha influência no setor, mas também para ajudar as empresas a se adaptarem às novas exigências do mercado. O agronegócio estava mudando. As pressões para adotar práticas mais sustentáveis e para inovar, sem perder a competitividade, estavam crescendo. Porém, eu também sabia que minha presença no conselho não seria um processo simples, principalmente porque o agronegócio ainda estava distante desse modelo.

Devo confessar que não senti resistência dentro dos conselhos que fui convidada a integrar, talvez por essas empresas estarem acostumadas com um tipo de governança em que a experiência vem quase que exclusivamente de profissionais que já estavam dentro do setor há décadas, como eu, que trazia um viés de ter construído uma carreira em sustentabilidade no agro – e isso, sim, era novo. Se de um lado as boas-vindas eram acolhedoras para a Alessandra com experiência no mercado, o tema que a Alessandra trazia não era tão bem-vindo. Para muitos membros do conselho, minha área de atuação era vista com certo ceticismo, principalmente porque eu não tinha vínculo com a empresa em questão. Para eles, parecia um risco trazer alguém de fora para ocupar um espaço e apontar caminhos incômodos.

Embora a visão de sustentabilidade seja cada vez mais valorizada no agronegócio, integrá-la de forma eficaz continua sendo um desafio, especialmente se não estiver conectada a uma estratégia clara e orientada para resultados no setor. O agronegócio, tradicionalmente visto como resistente a transformações, é realmente o último a adotar práticas mais modernas e sustentáveis? Ou essa percepção já não reflete mais a realidade?

Prefiro acreditar que hoje o agronegócio valoriza cada vez mais o tema da sustentabilidade, integrando-o à estratégia de negócios e entendendo que práticas sustentáveis são fundamentais para a competitividade e o futuro do setor. A transformação já está em curso, e a diversidade de vozes – com mais mulheres em posições-chave – é uma parte essencial dessa mudança positiva.

Mostrando o valor de ter uma mulher no conselho

Com o tempo e a experiência, fui conseguindo provar o valor da minha contribuição. O fato de eu ser uma mulher em um ambiente que, por muito tempo, foi predominantemente masculino já não tem mais o mesmo peso. Hoje, o agronegócio conta com uma crescente presença feminina em várias posições, não apenas em funções operacionais e técnicas, mas também em cargos de liderança e de destaque. Esse avanço reflete o quanto o setor evoluiu e já reconhece a importância da diversidade para uma visão estratégica mais ampla.

Ainda que tenha sido um desafio inicial quebrar algumas dessas barreiras, o conceito de diversidade e inclusão está ganhando força e deixando de ser uma novidade para se tornar parte da cultura do setor. Muitas empresas no agronegócio já compreendem que a presença de mulheres em posições de liderança não é somente um "valor agregado", senão um diferencial que contribui significativamente para a tomada de decisões estratégicas.

Minha presença no conselho de uma empresa agrícola foi ganhando força à medida que fui ajudando a criar uma abordagem mais holística para os negócios. O agronegócio é, e sempre será, uma indústria essencialmente técnica, mas as questões em torno de sustentabilidade, mudanças climáticas e responsabilidade social começaram a se tornar cruciais para a imagem e os resultados de longo prazo das empresas.

Em algumas das empresas nas quais me tornei conselheira, foi possível implementar novas práticas de governança que passavam pela inclusão de uma gestão mais colaborativa, maior transparência e um foco mais acentuado em inovações sustentáveis. No conselho, comecei a defender mais positivamente a necessidade de integrar a sustentabilidade não apenas como uma política ambiental, senão como parte da cultura corporativa. As soluções para o agronegócio de amanhã não poderiam ser as mesmas de ontem. Precisávamos de inovação, de mais tecnologia e de uma gestão que olhasse também para as necessidades das futuras gerações.

Além disso, a presença feminina no conselho foi, sem dúvida, uma força propulsora para outras mudanças. Ao longo dos anos, percebi que, ao ocupar esse espaço, abria caminho para outras mulheres também encontrarem seu lugar em posições de liderança no setor agrícola.

Conclusão: o valor da diversidade nos conselhos

Olho para trás e vejo como minha trajetória foi desafiadora, porém extremamente gratificante. Minha jornada como conselheira independente está sendo uma oportunidade de aprender e ensinar, de ajudar empresas do agronegócio a repensarem suas práticas e a adotar soluções inovadoras para enfrentar os desafios do futuro.

Acredito profundamente que o agronegócio precisa, cada vez mais, de mulheres nos conselhos e nas lideranças. As mulheres trazem uma visão diferenciada, mais atenta ao equilíbrio entre os interesses econômicos, sociais e ambientais, algo fundamental para o crescimento sustentável do setor. Minha experiência mostrou que as empresas que buscam profissionais independentes, com um olhar fresco e inovador, estão, de fato, se preparando para o futuro. E esse futuro exige uma governança mais inclusiva, mais sensível às mudanças globais e mais focada na sustentabilidade.

Vejo que ainda há muito a ser feito para ampliar a presença feminina em posições de liderança, especialmente em setores tradicionalmente dominados por homens, como o agronegócio. Contudo, acredito que estamos no caminho certo, e que cada vez mais mulheres estão assumindo papéis importantes, transformando o setor com suas ideias e estratégias inovadoras

É animador perceber o impacto positivo que nossa atuação tem gerado em diferentes níveis, desde a mudança no comportamento das empresas até a maior visibilidade de mulheres em posições de liderança. É uma jornada contínua, mas com avanços claros, e é um privilégio fazer parte desse movimento.

Se você quer ser uma conselheira no agro, aqui vai a minha sugestão. Estas não são regras, existem conselheiras com certificação, sem certificação, com MBA, com mestrado, sem nenhum desses, ou seja, são apenas sugestões e não regras.

1. **Desenvolver experiência no setor**: entenda o agronegócio, de preferência trabalhe na área, invista em conhecimento sobre o setor, desde cadeias produtivas até as tendências de sustentabilidade, inovação e regulamentações.
2. **Desenvolver *soft skills***: invista na sua comunicação para que cada vez mais seja clara e objetiva. Cultive relacionamentos com líderes do setor, associações e empresas do agronegócio.
3. **Participação em comitês e conselhos menores**: comece participando de comitês consultivos ou de auditoria, além de conselhos de start-ups.
4. **Atualize-se constantemente**: nós sempre podemos aprender mais. Especialize-se, faça uma certificação de conselheiros, mantenha-se ativa e atuante.

Seguir esses passos ou outros que não listei requer tempo e dedicação, mas, com planejamento, é possível alcançar o objetivo.

Boa sorte, e espero te encontrar no mercado!

CAPÍTULO 08

O valor da experiência empreendedora no conselho

A experiência empreendedora em um conselho traz inovação, agilidade e visão estratégica, conectando pontos que ampliam o impacto das decisões. Minha trajetória "não linear" revelou que é justamente essa diversidade de experiências que enriquece essas discussões. Convido você a explorar como desafios e oportunidades se entrelaçam em uma jornada de transformação e aprendizado.

Andréa Migliori

ANDRÉA MIGLIORI

CEO da Workhub Digital, possui mais de 25 anos de experiência em tecnologia, liderança, comunicação, design e inovação. É formada em desenho industrial, com pós-graduação e MBAs em administração e gestão. Sua trajetória profissional foi construída em empresas de variados portes e setores e em 2012, iniciou uma jornada como empreendedora cofundando a Badaró, uma agência especializada em experiências digitais para grandes empresas, na qual atuou até o *exit* em 2020. Atualmente, lidera a Workhub Digital e participa ativamente do ecossistema empreendedor como mentora em programas de formação e aceleração de start-ups, além de ser conselheira em uma start-up. Acredita no poder de compartilhar conhecimento e experiências para construir um ecossistema empreendedor forte, próspero e diverso.

Contatos: andrea@workhub.digital
LinkedIn: www.linkedin.com/in/andreamigliori/

O medo não constrói.
Amélia Borrozine, minha avó

Eu poderia começar este texto contando minha história, dizendo que me formei em desenho industrial, que tenho MBA nisso e naquilo, que já tive pousada e bar na praia, que venho de uma família só de mulheres incríveis e empreendedoras, que meu primeiro trabalho remunerado foi aos 12 anos, mas que tenho apenas um registro na minha carteira profissional, que já abri empresa, quebrei empresa, vendi empresa, que tenho uma agora e passei quase dois meses em um veleiro tocando essa empresa.

Quando penso na minha trajetória, penso que ela não foi nada linear, e por muito tempo acreditei que me faltavam os "cargos" e os "sobrenomes corporativos" que pareciam requisitos para uma jornada profissional reconhecida e, também, para atuar como conselheira.

Então, achei que seria importante começar o texto dizendo que a jornada profissional rumo a uma posição em conselho nem sempre segue uma linha reta, especialmente se você tiver uma trajetória com temperos empreendedorísticos, em que desafios e oportunidades muitas vezes se misturam de formas inesperadas. E eu só comecei a dar valor para isso quando, há alguns anos, assisti a um vídeo do Steve Jobs, no qual ele falava sobre conectar os pontos, que às vezes as coisas não fazem sentido no momento atual, mas no futuro algo só será possível por conta daquilo que você fez (sem ver sentido!) no passado. Comecei a conectar os pontos e fui achando o desenho que se formava da minha experiência profissional.

Fui percebendo que minha trajetória não linear e minha experiência empreendedora me ajudou a ter um olhar estratégico e pragmático para resolver problemas e enxergar oportunidades, e isso me trazia um diferencial valioso – para mim e para outras empresas e pessoas.

No empreendedorismo, desenvolvemos habilidades únicas: a capacidade de inovar sob pressão, o instinto de entender rapidamente o mercado, a perseverança para transformar desafios em aprendizado e a capacidade – quase que milagrosa – de criar soluções com recursos muito limitados. Essas qualidades, embora um pouco fora do padrão convencional, são, na minha opinião, essenciais para compor um conselho com uma visão mais ampla, diversa e orientada para resultados e crescimento reais. E, por fim, sem coragem e ousadia, não teria saído do lugar.

Essa trajetória me ensinou que não há um único caminho para se chegar onde se quer. Pelo contrário, o valor da diversidade de experiências é inestimável!

Hoje estou à frente de uma start-up, a Workhub Digital,[1] e temos um conselho. Para mim é muito claro o valor que esse conselho agrega para a Workhub e para mim. As pessoas que o formam têm experiências profissionais, corporativas, empreendedoras e de vida muito distintas e isso muitas vezes criou momentos de discussões absolutamente enriquecedoras, justamente pela diversidade dos olhares e das contribuições – mesmo que às vezes eu, no papel de CEO, quisesse sair correndo da sala!

Mas o ponto é: será que outras start-ups veem essa experiência empreendedora de forma tão valiosa quanto eu vejo quando penso em um conselho e nas pessoas que o formam? Em outras palavras: terei "emprego" no futuro?

Conversei com algumas start-ups e resolvi fazer uma pesquisa. Abordei aproximadamente 90 start-ups e tive 30 respostas em três dias de pesquisa. Longe de ser algo com embasamento metodológico, estatístico ou científico, mas deu para medir a temperatura de como outras pessoas fundadoras veem o assunto.

1 Workhub: portal intranet e extranet como produto pronto por assinatura, integrado com Teams e Microsoft 365. Já são mais de 100 empresas clientes e mais de 235.000 pessoas utilizando os portais Workhub (https://workhub.digital).

Quando perguntei quais seriam as características mais relevantes para uma pessoa fazer parte do seu conselho, as quatro principais foram: (1) experiência empreendedora, (2) experiência com algum mercado específico, (3) rede de relacionamento e (4) experiência corporativa.

Explorando mais a questão da experiência empreendedora, questionei quais seriam os aspectos mais relevantes, e os quatro principais aspectos foram (1) capacidade de resolução de problemas, (2) perspectiva de mercado, (3) diversidade de pensamento e (4) fazer mais com menos.

(Momento de respirar aliviada, pois vejo futuro na minha carreira como conselheira!)

Quando vi os resultados, fiquei pensando que essas características e aspectos não são relevantes só para uma start-up. Qualquer tipo de empresa quer ter gente no conselho com capacidade de resolver problemas, fazer mais com menos, inovar e entender melhor o mercado.

Eu costumo brincar que uma start-up é uma empresa com licença poética. Start-up não tem produto ruim, tem MVP;[2] start-up não erra, pivota;[3] start-up não tem *forecast*, tem "sonho projetado"; start-up não cresce, traciona...[4] E a lista segue!

Brincadeiras à parte, seja uma start-up seja uma empresa "normal", caixa, mercado, concorrência, inovação e crescimento são palavras comuns nas discussões de conselho. Então, como desdobrar essa experiência empreendedora para que seja útil e aplicável em qualquer tipo de empresa?

1. Capacidade de resolver problemas

A experiência prática com o dia a dia de uma start-up permite que a gente leve ao conselho uma abordagem única para a resolução de problemas, com soluções rápidas, criativas e focadas no impacto. Diferente de abordagens mais teóricas, quem está empreendendo lida diariamente com problemas complexos que exigem ação imediata. Às vezes, o caminho de solução está em algo absolutamente inovador; às vezes, a solução está no rearranjo das peças ou na revisão de um processo. Esse know-how pode ser essencial para a empresa, especialmente em momentos de crise, transição

2 MVP – *minimum viable product* ou mínimo produto viável em português. É uma versão simplificada de um produto, com as funcionalidades básicas, que serve para validação antes do lançamento.

3 Pivotar uma start-up é mudar a direção do negócio, mas sem perder a base já estabelecida.

4 Tração é a fase de crescimento e maturidade, quando o objetivo é consolidar a marca no mercado e expandir a operação, conquistando mais clientes.

ou expansão, quando o tempo de resposta é crucial. Em um ambiente de conselho, essa capacidade de resolver problemas promove processos mais ágeis, desbloqueia novos caminhos para o crescimento e desenvolve uma cultura orientada à resolução de desafios de forma eficiente.

2. Perspectiva de mercado e cliente

A proximidade com o mercado e o consumidor final é um aspecto comum na vida empreendedora. Muitas vezes a empresa fica muito vulnerável em relação às mudanças de mercado ou mudanças de comportamento. Acompanhar isso de perto proporciona insights valiosos sobre as reais necessidades dos clientes e as tendências emergentes. No conselho, essa perspectiva mantém o foco do negócio nas prioridades dos clientes, direcionando estratégias que aumentam a competitividade e alinham produtos e serviços às expectativas de um público em constante evolução. Com um entendimento genuíno do que move o mercado, podemos antecipar mudanças e adaptar o planejamento da empresa, melhorando não só a capacidade de atração, mas também a retenção de clientes, o que contribui diretamente para o crescimento sustentável.

3. Diversidade de pensamento

A jornada empreendedora é enriquecida por um leque diversificado de experiências e desafios, e isso pode trazer para o conselho uma pluralidade de ideias e abordagens. Quem empreende normalmente tem uma visão multifacetada e questionadora, podendo romper com pensamentos convencionais e propor alternativas criativas e transformadoras. Essa diversidade é fundamental para que o conselho tome decisões mais equilibradas e inovadoras, ajudando a empresa a adaptar-se a novos cenários e incorporar uma mentalidade inclusiva e acolhedora. Isso fortalece a cultura organizacional, cria um ambiente de inovação e protege a empresa contra o pensamento homogêneo, que, comprovadamente, pode limitar o potencial de crescimento.

4. Fazer mais com menos

A habilidade de "fazer mais com menos" é uma competência essencial para quem está empreendendo! Acabamos nos acostumando a gerenciar o negócio com recursos restritos, enxergando valor onde outros, talvez, vejam limitações. Para um conselho, essa abordagem é valiosa, pois ajuda a empresa a encontrar maneiras de otimizar operações e maximizar a eficiência do uso de recursos. Isso não só amplia a margem de lucro, como também promove uma cultura de inovação interna, em que pessoas e equipes recebem os estímulos para pensarem fora da caixa e explorarem soluções criativas para reduzir custos sem comprometer a qualidade. Essa mentalidade ajuda a empresa a se preparar para o crescimento e a enfrentar tempos de incerteza com uma postura resiliente e proativa.

Sempre me considerei uma pessoa generalista, mas nunca fiquei muito confortável com essa definição. E, lendo os resultados da pesquisa, pensando na minha própria trajetória até aqui, uma outra coisa que fica na minha cabeça é: todos esses aspectos têm um "q" de especialista e um "q" generalista e mesmo assim parece ainda faltar definição. Que tipo de gente então é essa figura empreendedora, que lida com tantas coisas, tantos assuntos e tantas profundidades diferentes ao mesmo tempo?

Recentemente me deparei com o termo pessoa "nexialista". No contexto que ouvi, era como se essa fosse a definição da pessoa que está pronta para este mundo de novos desafios, de novas tecnologias e de novas complexidades.

Buscando entender mais sobre isso, pude ver que uma pessoa nexialista é alguém com a capacidade de integrar conhecimentos de várias áreas, conectando saberes para encontrar soluções inovadoras e resolver problemas complexos de forma holística. Esse termo vem da palavra "nexus", que significa conexão, e foi usado pela primeira vez pelo autor Alfred Elton van Vogt, em seu livro de ficção científica *The voyage of the space beagle*, no qual a personagem principal, um nexialista, usava o conhecimento multidisciplinar para resolver situações complexas.

Pessoas nexialistas são versáteis e hábeis em transitar entre diferentes campos, sendo capazes de conectar pontos aparentemente desconexos para criar novas abordagens e estratégias. Essas pessoas são cada vez mais valorizadas em um mundo onde os desafios são multidimensionais e exigem uma visão ampla para entender as interações entre tecnologia, negócios, cultura e ciência. A habilidade de "pensar entre as disciplinas" permite que nexialistas proponham soluções que especialistas de áreas isoladas podem não estar visualizando.

Penso que ter uma pessoa nexialista no conselho de uma empresa pode ser um ativo estratégico que vai permitir redefinir a forma como desafios e oportunidades são abordados.

Nexialistas têm essa habilidade de criar as pontes entre áreas distintas podendo oferecer soluções valiosas para conselhos e empresas. Essa visão estratégica integrada permite que a pessoa nexialista observe cada decisão de forma ampla, considerando o impacto em várias frentes – como a relação com o mercado, a resposta da equipe e as possíveis repercussões culturais dentro da organização. Ela ajuda o conselho a encontrar formas criativas de expandir e inovar, cruzando insights de diferentes áreas para conceber produtos, serviços e estratégias de crescimento diferenciados.

Ela pode estimular uma cultura de colaboração e aprendizado contínuo, promovendo um ambiente onde a interdisciplinaridade é valorizada e pessoas e equipes são encorajadas a pensar além de suas especialidades. Esse estímulo à troca de ideias torna a organização mais flexível e adaptável, fortalecendo a resiliência da equipe frente a novas demandas do mercado.

Fico na dúvida se "empreendedora" e "nexialista" são sinônimos! Mas, sem dúvidas, são características que se complementam e somam muito para a construção do futuro das empresas. Sempre me incomodou não ser uma especialista (por um tempo achei que eu não era boa em nada!) e ser generalista me soava como algo superficial. Contudo, uma parte de mim achou um lugar muito acolhedor nessas definições!

Isso de começar não é fácil. Muito mais simples é acabar.
Pinga-se um ponto final e pronto.
Boneca Emília, Monteiro Lobato.

Contrariando nossa Emília, estou começando minha jornada como conselheira e tracei um plano de como chegar lá. De forma muito simplista e resumida, esse plano envolve atuar como mentora de start-ups, fazer cursos e certificações, ter experiências *pro bono* em conselhos, incrementar o network e, daqui a alguns anos, atuar em conselhos de forma mais robusta. Até lá, tenho muito ainda a fazer, aprender e conquistar com a Workhub. Tem muita coisa entre cada vírgula deste parágrafo, mas de modo geral esse é o caminho que planejo seguir.

Eu me espelho em pessoas incríveis que tenho a sorte de conhecer e conviver! Destaco especialmente as histórias e experiências de mulheres de competência ímpar, como as que compõem este livro e tenho a honra de poder conviver e trocar tanto.

Muitas vieram antes de nós e já nos abriram tantas portas. Aos poucos estamos abrindo mais e novas portas, povoando essas posições de liderança no mercado e criando as referências para as profissionais que estão chegando. Aos poucos estamos estabelecendo novos padrões, novos comportamentos, novas dimensões para as antigas discussões. Aos poucos vamos deixando as nossas marcas, vamos pingando os nossos pontos. Que tal embarcar nessa jornada também?

Nos vemos nessa jornada, conectando pontos e desenhando o futuro juntas!

CAPÍTULO 09

Olhar para fora, liderar por dentro

Fomentando inovação sempre

Convido você a enxergar a governança com um novo olhar, através do qual inovação e diversidade são as chaves para o crescimento. Destaco, neste capítulo, como projetos inovadores e experiências em governança moldaram minha trajetória. Concluo com dicas valiosas sobre como aplicar a inovação aberta, construir redes estratégicas e preparar-se para desafios em conselhos.

Lia Pullen Parente

LIA PULLEN PARENTE

Atua como conselheira na FCJ Venture Builder, importante agente de inovação aberta, e na Children's International Summer Village (CISV), ONG presente em mais de 70 países, que inspira jovens a construir um mundo mais justo e pacífico por meio de programas internacionais. Com 16 anos de experiência empreendedora, fundou três start-ups no setor de tecnologia, focadas em agro, governo e robotização. Antes disso, foi executiva de tecnologia em multinacionais como Alcatel, Oracle e Embraer. No Parque Tecnológico de São José dos Campos, fundou dois *clusters* de inovação: um para tecnologia e outro para agronegócio. Graduada em Administração pela Fundação Getulio Vargas (FGV), possui MBAs em Marketing Estratégico e em Tecnologia e Inovação pela Universidade de São Paulo (USP). Defensora do aprendizado contínuo, acredita que a educação é a chave para um mundo melhor.

Contatos: liapullenparente@gmail.com
LinkedIn: www.linkedin.com/in/liapullenparente
12 99168 6306

Participar deste livro, *Elas no Conselho*, é não apenas uma honra, mas uma oportunidade de provocar uma nova visão sobre liderança e inovação. Quero compartilhar com você uma jornada repleta de aprendizados e desafios, que moldaram meu propósito e minha atuação como conselheira. Neste capítulo, convido você a descobrir o caminho que me trouxe até aqui, com dicas poderosas para quem deseja trilhar tal trajetória e exemplos que demonstrem como a união entre diversidade, colaboração e governança estratégica pode transformar negócios. Meu propósito é claro: **empoderar empresas e inspirar futuras líderes a inovarem com propósito, construindo um impacto positivo e duradouro no mundo corporativo**.

Minha trajetória como conselheira foi moldada desde cedo por mulheres extraordinárias em minha família, cada uma delas um exemplo de liderança, inovação e coragem. Minha avó materna, que gerenciava tanto uma clínica médica quanto a casa com disciplina e organização, ensinou-me o valor de se criar processos eficientes e de manter uma visão estruturada para alcançar resultados. Já minha avó paterna, pioneira como a primeira corretora de imóveis de Brasília, desafiou as normas de sua época, ensinando-me a importância de ser ousada e a encarar desafios como oportunidades. Minha mãe, por sua vez, era uma pesquisadora brilhante que conduziu estudos no Brasil e no exterior, e de quem herdei a curiosidade e o apreço por decisões e conclusões a partir de dados. Com ela aprendi que o conhecimento e o olhar para fora são fundamentais para a construção de um estilo de liderança que inova.

Desde pequena, o ambiente familiar me conduziu a uma afinidade natural pela tecnologia e pela gestão. Meu pai, um empreendedor visionário, trouxe o primeiro computador pessoal para casa, e eu, ainda criança, fui a primeira a explorá-lo, instalando softwares e aprendendo a configurar aquilo que, para mim, era um novo e instigante quebra-cabeça. Essa exposição precoce à tecnologia consolidou minha visão de que ela seria um meio fundamental para alcançar sucesso e inovação.

Com o objetivo claro de me capacitar para o mundo dos negócios, ingressei na Fundação Getulio Vargas (FGV), onde minha jornada na administração começou a tomar forma. Durante minha carreira de executiva, participei de projetos extremamente inovadores para a época: a criação de um ERP[1] na década de 1990, um e-commerce nos anos 2000 e robozinhos virtuais, quando nem se falava em RPA.[2] Cada um desses projetos foi uma lição prática de como a inovação poderia ser a chave para o sucesso empresarial.

Essa vivência me preparou para desafios cada vez maiores. Mais tarde, como COO[3] da iRancho[4] e SafeBeef,[5] fui capaz de aplicar tudo o que havia aprendido, transformando a inovação em uma estratégia viável e sustentável, mesmo em setores tradicionais como a pecuária. Aqui, a criação de alianças estratégicas e a busca por recursos de fomento foram essenciais para garantir o crescimento da empresa e solidificar uma liderança que alia eficiência e inovação.

Meu primeiro contato com um conselho foi aos 30 anos, como conselheira fiscal de um condomínio. Na época, vi essa posição como uma maneira de contribuir para o bom convívio dos condôminos e praticar responsabilidade financeira. No entanto, essa experiência me trouxe lições valiosas sobre governança e transparência que se tornariam fundamentais para a minha carreira. Aprendi a ouvir, a considerar diferentes pontos de vista e a tomar decisões com base em dados e clareza.

---

1 ERP – *Enterprise Resource Planning* ou Sistema Integrado de Gestão em português.

2 RPA – *Robotic Process Automation* é uma tecnologia de automação que utiliza robozinhos virtuais.

3 COO – *Chief Operations Officer* ou diretora de operações em português.

4 iRancho (www.irancho.com.br) é uma start-up de tecnologia de gestão para pecuária de corte.

5 Safebeef (https://safebeef.global/) é uma solução de rastreabilidade que leva a história do animal até a bandeja da carne.

Mais tarde, ao atuar no CISV,[6] ONG voltada para a formação de jovens cidadãos globais, compreendi a profundidade do papel de uma conselheira. Na organização, valores como diversidade, empatia e compromisso com a paz me ensinaram a importância de uma governança inclusiva e ética. Esse período foi fundamental para moldar minha visão sobre o impacto social de uma liderança responsável, e os ensinamentos que adquiri no CISV tornaram-se pilares da minha atuação em conselhos corporativos, nos quais promovo a diversidade e a inovação como formas de fortalecer a governança.

Essa experiência me motivou a buscar capacitação formal em governança corporativa, e, posteriormente, aceitei uma posição como conselheira na FCJ Venture Builder,[7] em que pude aliar duas de minhas paixões: a inovação aberta e o agronegócio. A decisão de integrar o conselho da FCJ foi um marco, e a partir daí meu papel como conselheira tomou um novo propósito: ajudar empresas a implementar inovações que não apenas transformam os negócios, mas também geram impactos positivos na sociedade.

A inovação aberta é uma força poderosa para transformar empresas e tornar o processo de inovação mais ágil e sustentável. Em poucas palavras, ela busca expandir as fronteiras da organização, permitindo que ideias e tecnologias venham de fora – não só de dentro da própria empresa. O conceito foi popularizado pelo professor Henry Chesbrough em 2003, que descreveu a inovação aberta como uma maneira de "abrir as portas" das empresas para novas ideias e colaborações externas. Isso significa que, em vez de depender apenas de recursos e conhecimentos internos, as empresas podem se beneficiar das experiências de universidades, start-ups, fornecedores, clientes e até mesmo de concorrentes.

Um exemplo claro disso foi a parceria que desenvolvemos entre o Banco do Brasil e a iRancho. Essa colaboração resultou em um programa sustentável de gestão pecuária, que trouxe benefícios tanto para o setor quanto para o banco ao combinar rastreabilidade da carne com acesso facilitado ao crédito. Esse *case* mostrou como um conselho consultivo ativo pode transformar desafios em oportunidades, integrando diferentes agentes, como start-ups, fundos de investimento e aceleradoras, para criar soluções inovadoras.

Outro exemplo de sucesso foi a parceria entre a Nestlé e start-ups no Parque de Inovação e Tecnologia de São José dos Campos (PIT). Esse *case* me mostrou o potencial de soluções inovadoras surgirem de interações

6 CISV – Children International Summer Village (www.cisv.org.br).

7 FCJ Venture builder (fcjventurebuilder.com), grupo de *venture builders,* importante agente no ecossistema de inovação.

simples, mas estratégicas, no ambiente certo. Em uma conversa casual, uma start-up apresentou uma solução de um drone submarino capaz de inspecionar um duto de petróleo, que acabou sendo adaptado para um silo de leite em pó, economizando recursos e gerando eficiência. Essas histórias mostram como a integração com agentes do ecossistema de inovação pode gerar soluções práticas e diferenciadas, transformando negócios.

Um conselho consultivo pode ser uma força poderosa para qualquer pessoa que empreenda e que busque inovação e crescimento estratégico. Costumo sempre enfatizar que o papel de um conselho vai além do simples aconselhamento; ele é uma rede de apoio que ajuda os empresários e as empresárias a tomar decisões mais assertivas e com base em uma visão ampla e diversificada.

Acredito firmemente que um conselho composto por perfis diversos e voltados para a inovação agrega uma vantagem competitiva única. Conselhos tradicionais, muitas vezes, são resistentes a mudanças e à introdução de novas ideias, mas a inovação aberta permite explorar um mundo de oportunidades ao incorporar agentes externos e promover a flexibilidade.

O papel de um conselheiro deve contemplar a conexão de empresários a esses ecossistemas de inovação, criando pontes entre as empresas e start-ups, *hubs* de inovação e universidades. Por meio dessa abordagem, cria-se uma perspectiva que valoriza tanto a eficiência operacional quanto a exploração de novas ideias. Lideranças que buscam um conselho inovador e diversificado devem enxergar essa prática como um ativo estratégico para impulsionar o crescimento.

Para as mulheres que aspiram atuar em conselhos, gostaria de compartilhar alguns aprendizados que foram essenciais para minha trajetória e que podem fazer a diferença em suas próprias jornadas:

1. **Busque conhecimento e conexões**: embora sempre tenha sentido a inovação como parte do meu DNA, foi através do estudo e do contato com diferentes modelos e agentes de inovação que meu entendimento sobre o tema se consolidou. Inovação não é apenas inventar algo inusitado; é buscar incansavelmente novas maneiras de abordar problemas, processos e serviços. Olhar para fora e conectar-se com start-ups, aceleradoras e outros agentes de inovação torna o processo mais ágil e robusto. Sugiro que as futuras conselheiras explorem esses ecossistemas e cultivem a curiosidade contínua. O aprendizado e a troca com quem já está nesse caminho são combustíveis para a inovação sustentável.

2. **Prepare-se para cada reunião, interação e decisão**: essa dica pode parecer simples, mas a preparação constante é o que diferencia as conselheiras bem-sucedidas. Cada reunião de conselho, cada entrevista e até mesmo um simples post no LinkedIn devem ser abordados com intenção e estratégia. A preparação cuidadosa não apenas fortalece sua presença e credibilidade, mas também demonstra comprometimento com os objetivos da organização. Na minha experiência, a preparação cuidadosa em cada interação foi essencial para manter uma postura profissional alinhada com os valores e as metas do conselho.
3. **Adapte-se sem perder sua essência**: cada conselho e cada organização têm suas próprias particularidades, desde o perfil do empreendedor até o propósito organizacional. Adaptar-se é essencial para harmonizar esses elementos com suas habilidades e experiências. Isso pode significar ajustar a forma de comunicação ou até a apresentação pessoal, mas sempre de maneira intencional, sem comprometer quem você é. Adapte-se para maximizar seu impacto e ser bem compreendida, lembrando que se adaptar é alinhar seu discurso e sua presença com os objetivos do conselho, e não mudar sua essência.
4. **Seja intencional e estratégica em cada ação**: conectar-se com a intenção e o propósito do conselho é essencial para deixar um legado. A cada passo, seja como conselheira ou executiva, busque alinhar suas ações com os objetivos estratégicos da organização. Para isso, utilizo uma ferramenta simples, mas poderosa: o 5W2H. Esse acrônimo (*What, Why, Who, Where, When, How, How Much*) me auxilia a estruturar cada ação de forma clara e estratégica, determinando o que precisa ser feito, o motivo, os responsáveis, o local, o momento, o método e os custos envolvidos. Essa prática constante reforça o impacto das ações ao assegurar que cada uma seja planejada e conduzida com clareza e propósito.
5. **Construa e amplie suas conexões**: o poder do networking é inestimável para uma conselheira. Engaje-se ativamente com empresários, conselheiros e prestadores de serviços que possam agregar valor ao seu trabalho e ao das organizações em que atua. Dentro dos conselhos, construir vínculos com os demais membros permite um alinhamento mais sólido e facilita a colaboração colegiada em prol dos objetivos estratégicos da empresa. O networking não é apenas uma prática de conexão, mas uma oportunidade de aprendizado constante que ajuda a aprimorar sua atuação.

6. **Olhe para fora e amplie sua visão de inovação**: uma visão externa é vital para desenvolver soluções sólidas e de longo prazo. Conhecer ecossistemas de inovação além daquele em que a organização está inserida permite acessar tecnologias e soluções de diversas origens, enriquecendo as abordagens com perspectivas inovadoras. Essa visão ampliada contribui diretamente para resultados financeiros positivos e para um desempenho mais robusto das organizações. A capacidade de olhar para fora e integrar diferentes ecossistemas fortalece não só o conselho, mas toda a estrutura organizacional em sua adaptabilidade e resiliência.

Acredito que o conselho consultivo é uma ferramenta indispensável para empresas que desejam crescer de forma sustentável e inovadora. Minha trajetória como conselheira reflete o impacto positivo que um conselho ativo e diverso pode oferecer aos empresários, promovendo não só a inovação, mas também a solidez e a responsabilidade social.

Na minha trajetória como conselheira, recebi em 2023 o prêmio Board Awards,[8] uma prova de que inovação, governança responsável e diversidade fazem toda a diferença no sucesso das empresas. Para mim, esse prêmio mostra o quanto esses elementos são essenciais para criar ambientes corporativos mais inclusivos e impactantes. Que esse reconhecimento inspire ainda mais mulheres a embarcarem nessa jornada, trazendo sua visão, empatia e energia para transformar os conselhos e o futuro das organizações.

Finalizo este capítulo com um convite a todas as mulheres que enxergam na liderança uma maneira de transformar o futuro das organizações. Ingressar em conselhos não é apenas ocupar um espaço; é trazer um olhar de inovação estratégica e fortalecer o elo entre governança e crescimento sustentável. Unindo visão inovadora e empatia, nós, mulheres, temos o poder de transformar ambientes corporativos em lugares mais diversos, ágeis e conectados ao propósito. Quando buscamos espaço nos conselhos, levamos perspectivas que fomentam a colaboração e que desafiam o *status quo*, inspirando mudanças reais e impactantes. Meu desejo é que cada vez mais mulheres encontrem no conselho um caminho para multiplicar seu impacto, liderando com propósito, intencionalidade e, acima de tudo, com a coragem de criar um legado duradouro.

8 Reconhecimento da Board Academy para conselheiros de impacto.

CAPÍTULO 10

O valor do conselho consultivo para start-ups

Conselheiros são catalisadores de inovação e fazem a diferença na jornada da start-up e dos empreendedores. Conhecer e se beneficiar das melhores práticas do mercado em governança corporativa irão fazer a diferença para empresas e para o crescimento e maturidade dos líderes ao longo das fases do negócio.

Cláudia Rosa

CLÁUDIA ROSA

Mãe da Fernanda e da Paula, é graduada em Administração de Empresas pela Fundação Getulio Vargas (FGV/SP) e pós-graduada em Finanças. Especialista em Start-ups e Investimentos, é uma das maiores investidoras anjos do Brasil. Em 2024, recebeu o troféu Araucária na categoria Investidora e Top 20 Conselheiros pela Board Academy. Também foi premiada em 2022 pela Startup Awards na categoria Investidora Anjo e Mentora do Ano pela Bossa Awards. Coinvestidora na Anjos do Brasil, Bossa Invest, Sororité e Criabiz. Colunista na revista *Exame*, foi uma *shark* convidada da 9ª temporada do Shark Tank Brasil. Atualmente, é conselheira em algumas empresas de *venture capital* e start-ups, e CEO da Rede Invest, *hub* de soluções financeiras para negócios em fase de escala. Ainda, é *podcaster*, como *host* do *Ela Investe*, programa de fomento ao empreendedorismo e diversidade, com mais de 150 episódios disponíveis no YouTube e Box Brazil TV. Atua como palestrante e influenciadora da Rede Mulher Empreendedora e é membro do Grupo Mulheres do Brasil.

Contatos: contato@claudiarosainvest.com
LinkedIn: www.linkedin.com/in/claudiarosalopes
Instagram: @claudiarosa_vc
11 97339 2247

A criação de conselho consultivo para start-ups está se tornando uma prática cada vez mais comum. Com todos os cuidados e atenção, essa prática pode trazer grandes benefícios às empresas e aos *founders*.

Ainda parece exagero falarmos sobre implementação de governança corporativa para start-ups, porque, quando se pensa em start-ups, ainda vem a imagem de negócio em fase inicial, com poucas pessoas e empresa instável. Conceitualmente falando, start-ups são empresas recém-criadas, com poucos anos de operação, que buscam desenvolver e escalar um modelo de negócio muitas vezes inovador e disruptivo e têm base de tecnologia com capacidade de escala global. Resumidamente falando, as fases de uma start-up são: ideação, validação, operação, tração e escala.

Recomendo que, a partir da fase de operação, já se comece a construir um modelo de conselho consultivo. É nessa fase que se coloca em prática o modelo idealizado e validado. E também é quando temos o planejamento estratégico. Sabemos que nos primeiros anos é certo que haverá alterações no modelo de negócio, monetização ou até mesmo com relação ao mercado, podendo haver revisão ou expansão para novos mercados.

Assim, colocar em pauta a construção de um modelo inicial de governança corporativa ajuda muito. Estima-se que start-ups que se dedicam a revisões com ajustes constantes no modelo de negócio e que têm minimamente definição de um conselho consultivo possuem 60% a mais de chance de dar certo. Ou seja, menor chance de quebra nos anos críticos para qualquer negócio.

Nas fases de tração e escala, o objetivo é focar no crescimento e manter a qualidade de entrega de valor. Provavelmente já receberam algum tipo de investimento.

Então, gostaria de mencionar alguns dos benefícios de ter um conselho consultivo para start-ups:

1. **Vantagens competitivas**: conhecer e aplicar as melhores práticas corporativas pode trazer vantagem para start-ups e *founder*. Ou seja, ter conhecimentos dos quatro pilares de governança corporativa: transparência organizacional, equidade, prestação de contas e responsabilidade corporativa.
2. **Visão estratégica**: engloba visão e conhecimento dos *founders* sobre as melhores práticas de governança corporativa. Contribui inclusive para escolher e convidar bons conselheiros para a sua start-up. Nesse sentido, um conselho consultivo oferece uma visão ampla e estratégica, ajudando a definir objetivos e diretrizes.
3. **Estruturação e organização**: para buscar seu primeiro investimento anjo ou novos aportes financeiros, quanto mais organizadas e com informações necessárias estiverem, reduz-se mais o tempo de *due diligence*.
4. **Parcerias estratégicas**: grandes empresas ou *big techs* escolhem start-ups com melhores práticas aplicadas ao negócio. Se pensa em fazer parcerias estratégicas, organize-se!
5. ***Merger & Acquisition (M&A)***: em algum momento será necessário buscar parcerias estratégicas ou até mesmo o sonhado *exit*. Ter as melhores práticas e um conselho consultivo reduzem as chances de não ser aprovada. É importante ter informações financeiras bem organizadas e transparência para com os investidores.
6. **Experiência e conhecimento aplicados ao negócio**: com os cursos e materiais disponíveis, sempre se aprende algo novo aplicável ao seu negócio. Experiências anteriores dos conselheiros ajudam, inclusive, a evitar erros comuns.

7. **Crescimento operacional**: é preciso estar preparado para receber especialistas do mercado em grupos de trabalhos para as áreas com maior demanda como comercial, tecnologia ou até mesmo marketing, incluindo conselho.
8. **Networking**: a maior chance de sucesso está em ter um conselho estruturado e com bons profissionais do mercado. Isso pode salvar seu negócio. Imagine a vantagem de ter alguém com amplo domínio no segmento de sua start-up.
9. **Para uma start-up, tempo é mais que dinheiro**: não espere precisar para buscar algo que está disponível para seu negócio agora.
10. **Credibilidade**: engloba o time bem informado. Conforme a start-up cresce, é preciso levar à equipe mais informações. Ter processos bem estruturados e equipe informada são fatores críticos de sucesso. E manter-se bem informado fortalece a liderança e estimula melhores resultados.
11. **Suporte emocional**: empreender é bem desafiador. Pode-se passar por várias fases e muitas vezes com poucos recursos financeiros, equipe reduzida, tendo que conhecer e acompanhar o mercado. Assim, um conselho consultivo pode oferecer suporte emocional e motivação para enfrentar a jornada.

Considere criar um conselho consultivo quando:

- Está na fase de operação de negócio e quer buscar crescer com apoio e não cometer "tantos erros".
- O negócio está enfrentando desafios específicos e precisa de alguém que conheça o mercado.
- Precisa ampliar mercados para escalar ou não quebrar.
- Precisa de investimento anjo e um conselheiro pode ajudar com indicações assertivas.
- For necessário credibilidade e networking para conquistar novos clientes e ampliar o comercial.

O valor de um conselho para uma start-up está no benefício de saber trazer pessoas certas, pelo tempo certo, para seu negócio. O valor de um conselho é manter-se no estratégico do negócio. Sugiro que aproveite o tempo dos conselheiros para assuntos que irão trazer resultados ao negócio.

Quanto ao ciclo de um conselheiro para start-ups, recomendo que seja de um, no máximo dois anos. Após esse período, já haverá outros desafios e você precisará de outras especialidades.

A importância de escolher bons conselheiros está no fato de que eles também podem ajudar os empreendedores no que se refere aos conceitos e à metodologia de negócio, uma vez que muitos fundadores não tiveram outra atividade profissional anterior e não têm ainda toda a capacidade para gerir. E, claro, na orientação da busca por investimentos. Muitos conselheiros conseguem apoiar toda a jornada do investimento anjo. A start-up precisa conhecer a dinâmica do mercado, como ter um bom *pitch deck*, ter um *valuation*, conhecer as principais redes e investidores com teses e critérios que têm a ver com o seu negócio. O conselheiro pode encurtar essa jornada com seu conhecimento e networking.

Muitas start-ups, principalmente na fase inicial, não têm muitos recursos financeiros para pagar os conselheiros. Então, as opções são:

1. *Pro bono*, ou seja, "pelo bem", sem remuneração. Alguns conselheiros aceitam para conhecer o ecossistema e a dinâmica de start-ups.
2. Remuneração mensal acordada. Definir um valor que não irá prejudicar o resultado e um especialista que irá contribuir com o crescimento.
3. Contrato de *vesting*, conselho por troca de *equity*, com negociação de percentual do *captable*. Uma prática no mercado é uma pequena participação no negócio, entre 0,5 a 4%, depende da qualificação e geração de valor ao negócio.
4. Convidar para o conselho potenciais investidores ao negócio.

Sugiro ter diversidade de gênero no conselho; definir os papéis e responsabilidades; ter uma cadência definida, com reuniões, inclusive cronograma de trabalhos; ter comunicação aberta e transparente.

O tamanho do conselho varia, mas geralmente é composto por dois ou três membros. O importante é ter um time que realmente possa agregar ao negócio, ser comprometido e focado no sucesso da start-up.

Também é preciso definir os tipos de conselheiros para o seu negócio. Os principais são: conselheiro investidor; conselheiro independente, conselheiro técnico, conselheiro financeiro, conselheiro de marketing e mercado ou operação.

Algumas empresas de *venture capital* (VC), como são chamadas as organizações que investem em start-ups e empresas em troca de participação acionária – muitas vezes com contratos de mútuo conversível –, têm estrutura e investidores que podem agregar apoio com conselho consultivo para as start-ups. Os benefícios para as start-ups de fazer parte dessas redes, além do acesso ao investimento, é que elas podem também apoiar com conhecimento e experiências dos investidores e dos próprios fundadores que fazem parte da rede. Essas conexões e networking podem ser fundamentais para o seu negócio. Esse é o melhor conceito do *smart money* que muitas VCs aplicam. É importante que os empreendedores sejam proativos e busquem apoios.

Eu, como conselheira consultiva em quatro empresas de *venture capital* e em oito start-ups atualmente, tenho visto a crescente sobre esse assunto no ecossistema. Quem ainda não formou um bom conselho está em busca de profissionais qualificados; inclusive as start-ups têm colocado tal necessidade em rodadas de negócios. Minha atuação é diferente em cada empresa: como conselheira em uma das maiores empresas de VC da América Latina, a formação do conselho é para melhorar a interação com a comunidade de investidores da rede. É desafiador conquistar novos investidores e o maior desafio ainda é mantê-los com novos investimentos, motivados e engajados. Em outra, que é uma das maiores *venture builder*, criamos, a partir da minha adesão ao time de conselheiros, um conselho de mulheres, no qual fomentar e apoiar o fortalecimento da diversidade na rede é uma das metas.

Em outra rede, que atua fortemente no mercado Brasil e Europa, o principal papel do conselho é apoiar os principais executivos nas tomadas de decisões. Nessa, além da minha vivência no ecossistema como investidora e mentora, a minha experiência como consultora de estratégia e *business transformation*, adquiridos em empresas multinacionais, é fundamental para levar aos executivos uma visão integrada e até mesmos *cases* de empresas que já passaram por algumas situações semelhantes. A força e dedicação do conselheiro está também na cumplicidade e transparências dos *founders* com a estrutura de *board member*.

E, para as start-ups em que atuo como conselheira, é muito comum nas reuniões (normalmente mensais) a validação do plano de negócios em itens, como metas comerciais, apoio em novas parcerias e revisão do *valuation* para novas rodadas de investimentos. Como a demanda é maior e mais dinâmica à vida diária de uma start-up, é comum a interação com mais frequência, inclusive nos finais de semana. Tenho casos de empreendedores que me ligaram em um sábado à noite para falar de uma grande ideia ou de conclusão de nova parceria. Outro me ligou domingo para falar que decidiu aceitar a proposta de venda do negócio para um concorrente. Enfim, para poder contribuir e apoiar os empreendedores com tantas demandas, eu preciso também estar em constante atualização e mesmo inserida no ecossistema. Já me deparei com situações em que tive que apoiar empreendedores em revisão de acordos acionários, um dos principais problemas quando a empresa está em crescimento ou em processo de M&A.

Olhando para um panorama geral, é preciso lembrar que o Brasil é um dos principais *hubs* de start-ups na América Latina, com 15 mil start-ups. O mercado de VC no Brasil está em constante crescimento, com aumento dos valores investidos e também no volume de novos investidores: estima-se que há cerca de 10 mil investidores, ainda pouco perto do mercado dos Estados Unidos, que têm cerca de 435 mil investidores e onde, em 2023, foram criadas cerca de 1,6 milhão de novas empresas desse segmento.

Fazer parte desse ecossistema é desafiador, mas também é inspirador e empolgante. Ele é dinâmico e oferece oportunidades para empreendedores, investidores e especialistas. Muitas empresas também fazem parte dele. Assim, conhecer, entender e buscar um conselho consultivo que o apoiará nessa jornada é uma decisão importante para o sucesso das suas start-ups.

O sonho de todo investidor é ter em seu portfólio um unicórnio – que são start-ups avaliadas em U$ 1 bilhão. De acordo com estatísticas, somente 1% se tornam unicórnios, 90% falham e o tempo para conquistar o *exit* é variável. Como sabemos, *exit* é um termo utilizado para descrever a saída lucrativa de uma start-up, geralmente por meio de venda, fusão, aquisição ou oferta pública inicial (IPO). É o objetivo final de muitas start-ups e investidores, com quatro a seis anos de operação.

Feitas todas essas considerações, é preciso dizer que com a criação de um conselho consultivo diverso, experiente e com uma cadência estruturada, reuniões ou encontros mensais com foco no estratégico, sempre compartilhando as reais necessidades e seguindo as orientações desses especialistas, a start-up ganha, além das vantagens competitivas listadas, força e maturidade para seguir as fases com mais autonomia e possibilidades de mais investimentos e clientes ou parceiros estratégicos que serão assertivos ao negócio.

O valor do conselho para start-up é imensurável. E, como última recomendação, sugiro escolher bons conselheiros e definir objetivos claros, o que, além de potencializar o negócio estrategicamente, abre maiores chances de sucesso operacionalmente e na busca por investimentos.

Por fim, os conselheiros podem ser catalisadores de sucesso para o seu negócio: o conselho consultivo é onde a experiência encontra oportunidades de inovação e escala rápida.

CAPÍTULO 11

Do negócio ao conselho

Como a carreira empreendedora enriquece a visão dos conselhos

Neste capítulo, empreendedores terão a oportunidade de absorver como a experiência empreendedora agrega valor aos conselhos, destacando habilidades em lidar com incertezas, identificar oportunidades e implementar soluções, tornando o perfil empreendedor indispensável na atuação em conselhos e em sua diversidade.

Karina Pincelli Izzo

KARINA PINCELLI IZZO

É administradora de empresas, especialista em sistemas organizacionais e pós-graduada em Recursos Humanos pela Fundação Armando Alvares Penteado (FAAP). Programa de Formação e Certificação de Conselheiros (PFCC) – Board Academy BR. Coaching pelo ICI: Life Coaching, Executive e Carreira. Técnicas de Apresentação – Reinaldo Polito. Facilitadora na Metodologia SDI e MBTI – Fellipeli, processos de autoconhecimento, gestão de pessoas, liderança. Coach e mentora de executivos. "*Principles of Graphic Facilitation*" pela The Grove Consultants – International, San Francisco/ Califórnia. Especialista em perfis comportamentais – dinâmicas humanas e competências. Design de aprendizagem. Autora do curso online "Alta Performance" – Step U. Ex-franqueada do Mc Donald's. Sócia-executiva nas operações franqueadas Spoleto, Gendai e Mania de Churrasco. Membro da Associação de Conselheiros do Brasil (ACBrasil), de comitês de empresas familiares, start-ups e head do comitê cultura e pessoas. Membro da comunidade Mais Mulheres nos Conselhos.

Contatos: karinapincelliizzo@gmail.com
LinkedIn: www.linkedin.com/in/karinapincelliizzo
Instagram: @karinarpizzo

Vamos falar sobre propósito?

Por muitos anos em minha vida, as coisas simplesmente aconteceram. E isso me fez saber lidar com a arte do improviso. Com o passar da caminhada, notei que algo estava faltando para dar direção e sentido às minhas ações. Muitas leituras e trabalhos relacionados ao autoconhecimento me levaram a um despertar do meu propósito de vida. E naquele momento um olhar para a vida em sua integralidade foi essencial para a transformação do meu mindset. Quais âmbitos de vida estão fluindo bem e quais precisam de maior atenção? O que me dá energia e o que me tira energia? Quais são as pessoas que me nutrem? Com quem contribuo? Como alinhar meus centros – mental, emocional e físico – para promover meu bem-estar e estar presente nas escolhas mais importantes da minha vida?

De onde vim na vida até chegar a "ser empreendedora"

Falar da nossa trajetória nem sempre é fácil. O caminho a ser seguido também não. Saber por onde começar é um desafio! Por isso, quero te contar o primeiro segredo deste capítulo. Por volta de cinco anos atrás, em um processo de autoconhecimento, fui desafiada a pensar sobre minha trajetória fazendo um poema sobre mim.

De onde eu venho...

Eu sou de uma casa cheia de grama no quintal, de bonecas da Estrela e a lousa para brincar de 'escolinha' na parede.
Eu sou de uma casa com muitas visitas, família e festas.
Eu sou de uma casa com varal e roupa lavada à mão.
Eu sou de andar de bicicleta Caloi e de skate na calçada.
De Raul (pai) e de Lea (mãe),
Eu sou de família de italianos, na qual todos falam ao mesmo tempo.
Eu sou de avô e avós carinhosos
E imigrantes que vieram ao Brasil de navio por volta de 1800 (um evento específico na vida de um ancestral).
Sou de jogar vôlei na rua e pular corda.
Sou de boneca 'mãezinha' e Suzy.
Eu sou desses momentos que fazem parte da minha história e que sem eles ser empresária, consultora e conselheira não faria o menor sentido.

Relembrar as experiências vividas me faz olhar para minha carreira futura. Convido você a refletir sobre sua trajetória através de sua história. Honrar nossa história e ancestralidade é um ponto de partida importante. Revisitei momentos dos quais não tinha me dado conta do quanto impactaram minha formação, minha jornada. Em minha trajetória tive muitas conquistas. Logo na largada, como ex-atleta, a renúncia, a resiliência e a disciplina despontaram como qualidades ou competências, que me guiam até hoje. Essa trajetória teve e tem altos e baixos, sucessos e fracassos, que me impulsionaram a abrir novos caminhos e a entender que a força e a determinação, conectadas com a persistência, podem trazer resultados melhores a cada dia.

O que eu percebi foi que a formação dos meus principais valores surgiu de minha origem e com meus aprendizados. Muitas quebras e rupturas acontecem em nossas vidas certamente com um objetivo. Estar atenta a esses sinais tem sido um aprendizado. Mas nem sempre estive. Um insight que tive é de que as relações de confiança realmente não são construídas em cinco minutos!

Para me tornar uma empreendedora e empresária, pessoas estiveram presentes me impulsionado, acreditando em minha competência e eu contribuindo com a minha predisposição para aprender sempre. As escolhas conscientes me levaram a ter um companheiro de vida, meu maior apoiador, que tem uma veia empreendedora incrível, e encaramos juntos esse desafio. Para acrescentar novos desafios, meus filhos sempre dão uma pitada a mais em meu desenvolvimento.

Há tempos graduei-me professora; posteriormente tornei-me uma estagiária para concluir o curso de administração de empresas; e, por fim, descobri que queria fazer algo diferente, com aprendizados diversos. Trabalhar com alimentação foi o foco. O franchising em alimentação demanda de nós muita energia. Como disse, a vida acontece. Após oito anos, quando tudo parecia em uma certa zona de conforto, ou seja, conseguíamos lidar com os altos e baixos de maneira menos dolorida, recebi um convite para trabalhar com foco em comportamento humano. Aceitei o desafio. A longa preparação e o ressignificar minhas crenças despertaram um caminho para meu propósito. Trabalhar com as lideranças de diversas empresas me trouxe uma nova perspectiva para meus negócios e sobre o mundo.

Visualizando o futuro: a carreira como parte do propósito de vida

Cheguei a um momento em que comecei a pensar em ampliar minha carreira para efetivar meu propósito. Como empresária, consultora comportamental e mentora, algo que faltava chamou minha atenção.

Juntamente com amigos, o assunto era: formação para conselheiros. Papo vai, papo vem, pensei: *acho que isso tem a ver comigo*. Pesquisei, analisei e, como em um piscar de olhos, estava em sala de aula novamente. Aliás, não há um ano sequer que eu não esteja em uma sala de aula para aprender. Estudar, para mim, é umas das coisas mais prazerosas que faço. Mas outras conversas internas começaram a aparecer, como: para que estou estudando sobre isso mesmo? Vou iniciar novamente a minha jornada, altos e baixos, feedback, alegrias e tristezas? Será que é isso mesmo? Como deve ser a jornada de uma mulher em conselhos?

Após muitas reflexões, a pergunta para a tomada de decisão foi: como a atuação e formação em conselho pode agregar para quem empreende e possui uma empresa? Essa pergunta é muito presente para mim. Comecei a enxergar um leque de possibilidades de como uma empresária pode contribuir com outros empresários, ajudando a tornar suas carreiras perenes e longevas, assim como suas empresas. Como consultora, essa formação poderia enriquecer meu discurso em meus diagnósticos, mentorias e palestras. Um verdadeiro mundo se abre a partir de uma vontade de aprender e contribuir.

Por que empreendedores devem considerar atuar em conselhos

Atuar em conselhos nos permite ampliar nossa capacidade de atuação em análises e conhecimento do negócio e em estratégia. A maioria dos empreendedores querem saber novas formas de atuar e conversar sobre elementos que impactam diretamente o negócio, como estratégia de longo prazo, análise de riscos, visão de mercado, ampliar o networking e gerar novas parcerias.

Para os empreendedores que querem atuar em conselhos de outras empresas, assim como eu desejo, o aprofundamento em temas sobre governança corporativa, comunicação corporativa, definição de papéis e responsabilidades, entre outros, ter uma certificação torna-se essencial. Uma boa formação e certificação oferece oportunidades, demonstrando o seu papel ético e responsável frente às organizações. A certificação confere ao empreendedor uma maior credibilidade, tanto internamente (com equipes) quanto externamente (com parceiros e investidores), passando diferenciação e credibilidade.

Atuar em conselhos pode ajudar o empreendedor?

Queremos que nosso negócio seja inovador e perene, não é? Atuar em conselhos tem, na minha opinião, como consequência alguns benefícios para nós empreendedores:

- **Melhoria da própria empresa**: a experiência em conselhos ajuda o empreendedor a enxergar oportunidades de melhoria na sua própria gestão, aplicando melhores práticas de governança.
- **Mentoria reversa e inovação**: o empreendedor pode oferecer inovação aos conselhos e, ao mesmo tempo, receber orientações sobre temas, como resiliência e liderança estratégica, criando um aprendizado mútuo.
- **Visão mais crítica e imparcial**: atuar em conselhos ajuda o empreendedor a desenvolver uma visão mais objetiva, equilibrando a paixão pelo negócio com uma análise racional dos riscos e oportunidades.

Construindo um futuro com base no conhecimento dos conselhos, a atuação em conselhos permite que o empreendedor deixe um legado no mercado, apoiando empresas com seu conhecimento.

A jornada em conselhos nos molda como empreendedores, integrando experiência, conhecimento e uma visão estratégica para o crescimento contínuo, um grande benefício para a evolução na carreira e em seu negócio. Isso está acontecendo em minha trajetória como conselheira iniciante.

Para que você, empreendedor, aproveite as oportunidades e supere os desafios que poderão surgir em sua atuação em conselhos, seguem alguns segredos para o sucesso:

- **Desapego estratégico**: é preciso desapegar-se emocionalmente das suas próprias ideias e olhar para as decisões com um foco exclusivamente estratégico. Deixar de lado o impulso de "proteger" decisões ou práticas que você mesmo criou e manter a visão orientada pelo que é melhor para a empresa no longo prazo.
- **Mentalidade de aprendizado contínuo**: a capacidade de se reinventar é um grande segredo. Mantenha-se atualizado nas novas metodologias, tecnologias e tendências do setor e invista em certificações, cursos ou eventos que tragam novas perspectivas. O diferencial está em antecipar o que está por vir, demonstrando uma visão de futuro.
- **Construção de um *board* pessoal**: ter seu próprio conselho de mentores e colegas confiáveis é uma prática poderosa. Escolha pessoas que possam oferecer feedback honesto, formando um círculo de confiança.
- **Autopromoção inteligente**: seja estratégico ao comunicar seus resultados e suas habilidades. Em vez de esperar que o reconhecimento venha naturalmente, tome a iniciativa para mostrar o impacto das suas ações de maneira genuína e alinhada com o propósito da empresa.
- **Desenvolvimento de *soft skills* diferenciadas**: liderança empática, comunicação eficaz e inteligência emocional são essenciais.
- **Gestão de marca pessoal**: trabalhe no seu *branding* pessoal. Como você quer ser percebido no mercado? Identifique seus valores e pontos fortes e posicione-se de forma coerente.
- **Experiência internacional ou de diversidade cultural**: em mercados cada vez mais globais e diversificados, profissionais com experiência internacional ou que lidam bem com culturas diferentes são altamente valorizados.

- **Assumir riscos calculados**: enfrentar desafios que fogem da zona de conforto, como mudar de área, aceitar projetos complexos ou até empreender, gera um crescimento exponencial.
- ***Growth* mindset**: pessoas com *growth* mindset entendem que o desconforto faz parte do processo de aprender e evoluir. Esse segredo envolve enxergar cada desafio, erro e obstáculo como uma oportunidade de aprimoramento.
- **Transformar o medo de falhar em curiosidade**: envolve o que se pode aprender com a experiência, mesmo que o resultado não seja o esperado.
- **Fortalecer a resiliência e aceitar o desconforto**: é preciso não perder o entusiasmo ou a autoconfiança.
- **A arte de fazer perguntas que movem a estratégia**: enquanto muitos conselheiros concentram-se em analisar dados ou revisar propostas, os conselheiros mais eficazes dominam a habilidade de questionar de forma estratégica.
- **Identificar riscos e oportunidades**: envolve questões como "O que poderia dar errado?" ou "Quais são as oportunidades que ainda não estamos considerando?".

Como escrevi no início deste capítulo, minha contribuição a você foi meu maior motivador para escrever sobre uma parte da minha experiência que pudesse ajudar sua carreira e sua vida, seguindo com meu propósito. Ser conselheira é uma escolha. Atuar em conselhos, além de ampliar nossa consciência, nos torna um veículo da perenidade e legado das organizações.

Concluindo este capítulo, deixo aqui esta mensagem que, quando li, me impulsionou:

> O caminho a ser seguido por uma pessoa vencedora, que tem um propósito e procura agir com coerência, integridade e consciência, nem sempre é fácil.
>
> No entanto, se esta pessoa se mantiver fiel ao seu propósito, descobrirá que a coragem de continuar trará por si só a confiança, a orientação e a energia necessária para vencer – não no sentido de chegar sempre em primeiro lugar –, mas vencer na resposta à vida. Esta é a maior conquista.
>
> "A jornada do vencedor" (autor desconhecido)

CAPÍTULO 12

Conquistando seu lugar à mesa

Neste capítulo, desmistifico de alguma forma a figura tradicional do conselheiro. Abordo como, com foco em proatividade, autoconhecimento, networking estratégico e aprendizado contínuo, você pode alcançar uma posição em conselho, independentemente da idade, origem e gênero. Para isso, é preciso construir uma trajetória de impacto, pois a qualidade de suas experiências, para a atuação em conselhos, muitas vezes é mais importante do que a quantidade de tempo de carreira.

Mayara Corrêa

MAYARA CORRÊA

É fundadora e CEO da Procsy Consultoria, com 15 anos de experiência progressiva em gestão de riscos, compliance e auditoria interna, passando por cargos de liderança em empresas como KPMG, Epson e Walmart, antes de fundar a Procsy, empresa de consultoria que hoje conta com uma equipe de aproximadamente 20 pessoas e atende a pequenas, médias e grandes empresas dos setores de seguros, *fintechs*, indústrias, concessionárias, agências, agronegócio, entre outros. É conselheira certificada pelo programa Advisory Boardroom Program for Women (ABPW) pela Saint Paul Escola de Negócios, e formada em Administração de Empresas pela Fundação Educacional Inaciana Padre Sabóia de Medeiros (FEI), com MBA em Finanças, Controladoria e Auditoria pela Fundação Getulio Vargas (FGV-SP). Além disso, é membro independente do Conselho Fiscal do Grupo Fleury desde junho de 2024.

Contatos: www.procsy.com.br
mcorrea@procsy.com.br
LinkedIn: www.linkedin.com/in/mayara-corr%C3%AAa-procsy

Quando pensamos em posições independentes de conselho, é muito comum imaginarmos a figura de uma pessoa com mais de 30 ou 40 anos de experiência executiva, já com alguns cabelos brancos, o estereótipo do sábio, com um maior foco e momento de carreira voltado para uma fase de aconselhamento corporativo. Com a mudança de mindset das empresas, o aumento da diversidade nas operações e nos conselhos, e principalmente o aumento da diversidade de experiências e visões, é cada vez mais comum essa figura mais padrão do conselheiro se mesclar com figuras menos óbvias.

Quero compartilhar um pouco de como está sendo a minha jornada até aqui e, como no alto dos meus 34 anos, conquistei minha primeira posição como membro independente de conselho fiscal de uma empresa de capital aberto, que sempre fui fã de carteirinha.

Acredito que cada jornada é única, e neste percurso para chegar em uma posição de conselheira não existe certo ou errado, e sim o que funcionou para cada um e como podemos usar essas experiências para planejar o percurso, respeitando a nossa individualidade e experiência. Então, se alguma das minhas experiências te ajudarem a repensar algo em sua jornada, meu objetivo neste capítulo terá sido alcançado.

Eu sempre fui uma profissional inquieta. Quando era funcionária, estava sempre em busca de promoções e crescimento na minha carreira. Para isso, criei um hack para atingir a minha tão esperada promoção anual: sempre que eu recebia uma promoção, pedia o formulário de descrição de cargo para meu novo cargo e para o seguinte. Com base em todas as qualificações, eu precisaria desenvolver para o meu novo "cargo objetivo" somadas às do cargo atual, criava uma lista de pontos a trabalhar e os revisitava mensalmente.

Conforme iria atingindo os objetivos, ticava linha a linha, objetivo a objetivo. Tinham objetivos desde liderar um projeto inovador na minha área e aperfeiçoar minha comunicação de negócios em idiomas secundários até tirar uma nova certificação ou uma especialização complementar.

Ao final do primeiro ano, na tão esperada reunião de feedback ou Plano de Desenvolvimento Individual (PDI) de fechamento, eu já chegava com o checklist pronto, todo ticado e, após ouvir com muita atenção os feedbacks (que nunca eram surpresa, pois era algo que eu pedia com alguma recorrência), apresentava ao meu superior com dados, indicadores e casos práticos que eu já estava performando como meu próximo cargo; e, se houvesse espaço e orçamento, a promoção era uma consequência.

Após alguns anos aplicando esse meu "hack de promoção", percebi que, quanto mais alta a posição hierárquica dentro da empresa, mais fatores influenciavam na decisão da promoção. O orçamento, *headcount*, espaço, entre outros. Cada vez mais o sonhado próximo passo dependia mais do ambiente e de outras pessoas do que do meu próprio esforço, dedicação e realizações. Quando comecei a perceber isso, foi justamente na mesma época que meu pai, um grande executivo, havia sido demitido após trabalhar por 20 anos na mesma empresa. Depois disso comecei a repensar minha trajetória; e, como boa gestora de riscos que sou, percebi que havia um alto risco de acontecer o mesmo comigo em alguns anos.

Sendo assim, tomei uma das decisões mais importantes (e difíceis) da minha vida: tomar as rédeas da minha carreira, fazer por mim e arcar com as consequências dessa decisão, sejam elas positivas ou negativas. Mas qual era a melhor forma de fazer isso?

Empreenda-se!

Empreender é ir para mar aberto, sem bote salva-vidas e sem GPS. Uma das primeiras coisas que senti falta logo quando comecei a jornada empreendedora foi de ter um chefe. Percebi o quão bom é ter alguém para dizer se você está indo para o caminho certo ou não, como pode melhorar seus materiais, etc. O meu novo chefe era o mercado, e às vezes ele demora pra te responder, não dá feedbacks tão claros e objetivos e não usa a técnica do "primeiro elogie e depois apresente os pontos de melhoria".

Nem todas as pessoas possuem o perfil para ser empreendedor, e note que não é importante empreender para se tornar uma conselheira. Mas lembre-se de que podemos empreender (ou "intraempreender") independentemente do local que estamos: isso pode ser feito dentro de uma grande corporação de várias formas, desde liderando um projeto novo e até mesmo trabalhando sua marca pessoal.

Empreender potencializou meu aprendizado e crescimento, adquiri experiência de forma rápida, pratiquei de verdade resiliência e entrei no loop eterno de "errei – aprende – corrige – repete" a cada reunião comercial, cada proposta desenhada, cada novo projeto entregue, cada contratação, e assim sigo até hoje. Com o passar do tempo, a gente começa a acertar cada vez mais, aprimorar os resultados, receber propostas para compartilhar nosso conhecimento, e aí você percebe que está no caminho certo e se fortalece. Não é fácil, mas é viciante.

Vá ao encontro!

Se você acredita que possui experiência suficiente para almejar cargos de conselho, independentemente do tipo, tome o objetivo para si. Não terceirize a responsabilidade, não espere que seu amigo headhunter comece a te incluir em entrevistas para conselhos. Mexa-se nesse sentido, comece a frequentar grupos de conselheiros, conheça conselheiros mais experientes, fale para as pessoas o que você busca, o porquê e como você entende que poderia colaborar em uma mesa de conselho. A roda não vai girar sozinha para a direção só porque você imaginou, pegue a alavanca e comece a girar na direção que almeja, mesmo que ela seja pesada e você consiga mexer aos poucos. O importante é começar a movimentar no sentido certo.

Domine o tema

Hoje em dia há várias opções de formação para conselheiros, para todos os bolsos e diferentes focos. Alguns com um direcionamento mais para start-ups e novo mercado, outros para inovação, para governança corporativa e outros mais abrangentes. Eu optei por fazer o Advisory Boardroom Program for Woman (ABP-W) da Saint Paul, que recomendo sem ressalvas. Além de ter sido um programa bem completo, de 18 meses, tivemos um módulo internacional em Barcelona com um foco ESG. Além disso, ser formada ABPW te torna membro de uma comunidade riquíssima que a Saint Paul fortalece mesmo após o término do curso. Ela te possibilita ir a viagens dos módulos internacionais das turmas seguintes, o que é uma excelente forma de se manter atualizada, além de abrir a possibilidade de te conectar com mais conselheiras e executivas do mercado.

É importante estudarmos sempre e estarmos antenadas a temas como reforma tributária, impactos no mercado financeiro das empresas do segmento que acompanhamos. Quando somos convidadas a participar de um conselho, o convite é feito considerando suas habilidades e experiências como executiva. Sendo assim, é importante que você conheça minimamente a estrutura das demonstrações financeiras. E, se você foi *chief marketing officer* (CMO) durante toda carreira, é muito provável que você agregue mais valor onde teve maior vivência em sua carreira.

Crie o seu pitch de conselheira e transforme o seu CV

O currículo de uma conselheira é diferente de um currículo de executiva. Você vai precisar fazer um exercício de repensar sua trajetória não por experiência e cargos, e sim por conquistas, resultados e aprendizados mais relevantes. Pense em como você pode usar seus aprendizados em uma posição de conselho. É importante fazer esse "de-para", buscando transformar cargos em conquistas, aprendizados e habilidades. Não é tarefa fácil, mas é um exercício muito importante e interessante de se fazer. Com base nessa sua nova versão de currículo, monte seu pitch e treine essa conversa. Nunca sabemos quando a oportunidade pode bater à nossa porta e é importante termos nosso *elevator pitch* de conselheira na ponta da língua. O IBGC tem um caderno para elaboração de currículos para conselhos que pode ser um bom guia, ou um suporte inicial, para essa jornada.

Ative sua rede

Conheça alguns presidentes de conselhos ou conselheiros com muitos anos de experiência. Mas faça isso com seu pitch pronto e treinado. Não conhece algum? Seja cara de pau, liste algumas empresas que você admira e busque contato pelo LinkedIn, ou por intermédio de seus contatos (olha o networking novamente!). Sempre que possível, eu prefiro buscar introdução e conexão através de pessoas da minha confiança, pois acredito que as chances de retorno positivo são maiores. O objetivo é fazer com que pelo menos dois ou três presidentes de conselho te conheçam, saibam das suas habilidades e de seu interesse em fazer parte de conselhos e/ou comitês em empresas de segmentos específicos. Para sermos lembradas, mais do que sermos vistas, é importante que as pessoas saibam o que fazemos e como podemos colaborar.

Invista em criar uma verdadeira rede de conexões (networking)

No início da minha jornada empreendedora, entrei para um grupo de jovens empreendedores. Foi minha primeira experiência com networking e desde então é algo que sempre busco encaixar na minha agenda. É importante aprendermos a fazer networking da mesma forma que aprendemos sobre compliance ou finanças. Networking é uma arte e deve ter estratégia. Uma frase que eu adoro sobre isso é "Networking não se trata de quem você conhece, e sim quem conhece você e te indica".

Se é algo que você ainda não tem costume, vá aos poucos. Busque grupos de temas de seu interesse e vá aos eventos. Conheça pessoas, e não seja um "*taker*" (vide *Ted Talk: are you a giver or a taker*? – Adam Grant). É muito chato em um evento a pessoa que só fica pedindo, desde reuniões ou até mesmo apenas atenção. Eu acredito que temos que primeiro gerar valor, entregar, nos conectar com as pessoas de alguma forma genuína e aos poucos e de forma estratégica irmos usando nossas conexões para gerar negócios, sem queimar a largada.

Aprenda a fazer boas perguntas!

Acredito que uma pitada de sorte é um fator importante para todas nossas realizações na vida, mas de nada adianta ter sorte se não nos prepararmos. Então nosso papel deve ser fazer a nossa parte, ou seja, estar atualizada, buscar estudar sobre temas de interesse e fortalecer nosso networking. Aprenda a fazer boas perguntas! Uma coisa que ouvi uma vez que achei superinteressante sobre as famílias judias é que é muito comum quando os filhos chegam da escola os pais perguntarem "quais boas perguntas você fez hoje", quando as demais famílias perguntam "o que você aprendeu hoje?". O objetivo é desde muito jovens já desenvolver a capacidade de fazer boas perguntas, que, como qualquer competência, é possível de se aprender e se aprimorar a cada dia.

Se fizermos nossa parte, não é uma questão de "se" eu for conselheira, e sim "quando".

Procure processos de recrutamento para conselhos

Existem algumas empresas de recrutamento que têm se posicionado no mercado como especialistas em formação e contratação de conselheiros. Cadastre-se no banco de currículos e faça contato com os recrutadores que você teve contato no decorrer da sua jornada executiva compartilhando esse novo objetivo. Se você tiver a oportunidade de participar de processos seletivos de conselho, vá. Acredito que é importante para ganharmos "casca" e irmos entendendo onde podemos colaborar de forma mais efetiva. Apesar de que a maioria das conselheiras que eu conheço foram indicadas de alguma forma, acredito que esse formato de recrutamento tem muito potencial para crescer nos próximos anos.

Considerações finais

Afinal, qual é o melhor momento da carreira para se tornar conselheira? Eu acredito piamente que ser um bom conselheiro não é questão de idade ou momento de carreira, e sim de impacto. A qualidade de suas experiências é muito mais importante do que a quantidade de tempo, carreira ou idade.

Líderes de verdade se destacam pela capacidade de extrair conhecimento e crescimento de experiências desafiadoras e marcantes. Afinal, o valor de um conselho está na sua capacidade de gerar transformação e agregar valor, e não no tempo de experiência de quem o oferece.

No meu caso, eu tenho aplicado essas dicas que vos compartilho com afinco nos últimos anos, da forma que consigo e que muitas vezes está longe de ser a ideal, até porque temos que equilibrar todos os pratinhos da nossa vida. Além do meu lado profissional, também sou uma eterna aprendiz (amo estudar), esposa, filha e mãe de gêmeos. Mas, se eu puder resumir em uma palavra o grande impulsionador das vagas de conselho que eu participei até hoje, essa palavra seria "networking". O primeiro conselho ao qual fui convidada, em 2021, foi estabelecido por um grupo de empreendedores que eu fazia parte, foi um conselho consultivo *pro bono* que foi muito interessante para uma primeira experiência, visto que se tratava de uma start-up de arquitetura, um mundo bem diferente do que eu estava acostumada. Ao Conselho que participo atualmente, fui indicada por uma colega do curso de conselheiras que eu participei; quando ela me perguntou se eu tinha interesse, fez questão de frisar os pontos técnicos da minha experiência que a fizeram me considerar para compor aquele grupo.

De qualquer forma, eu não teria chegado a qualquer uma dessas pessoas se não tivesse uma rotina de networking intencional na minha agenda e de estar sempre buscando compartilhar e agregar valor da forma que posso na vida delas, da forma que for, de entregar valor sem esperar nada em retribuição, de realmente performar como o "*giver*" quando o assunto é networking intencional. Somente assim geramos conexões genuínas com respeito e confiança mútua.

Referências

ARE YOU a giver or a taker? – Adam Grant. [Nova Iorque]: TED, 2016. 1 vídeo (13min18s). Disponível em: https://www.ted.com/talks/adam_grant_are_you_a_giver_or_a_taker?subtitle=en&lng=pt-br&geo=pt-br. Acesso em: 20 dez. 2024.

INSTITUTO BRASILEIRO DE GOVERNANÇA CORPORATIVA – IBGC. Bom currículo aumenta chances de colocação de conselheiro (entrevista com Oscar Boronat). *Blog do IBGC*, 28 jun. 2019. Disponível em: https://ibgc.org.br/blog/bom_curriculo_aumenta_chance_de_colocacao_de_conselheiro. Acesso em: 20 dez. 2024.

CAPÍTULO 13

Caminhos e desafios dos conselheiros nas estruturas societárias

Em um mercado altamente competitivo e desafiador, as empresas buscam, por meio da implantação de conselhos, trazer experiências e alternativas potentes e adequadas para a tomada de decisões rápidas e assertivas, objetivando estarem à frente de seus concorrentes e gozarem de vantagens competitivas que desdobrarão em sua sustentabilidade e, por que não dizer, sobrevivência.

Kecy Kohler Ceccato

KECY KOHLER CECCATO

Advogada, empresária, conselheira e investidora, possui mais de 25 anos de experiência no direito para negócios, especialmente nas áreas societária, tributária e internacionalização. Atuou como diretora jurídica em empresas nacionais e multinacionais, como Takata, Toyota, Schneider Electric, Grupo Ibmec, em projetos de venda e aquisição (M&A), *turnaround* e *downsizing*, reestruturação e IPO. É graduada em direito e especialista em direito empresarial, societário, gestão de negócios, com MBA Executivo por universidades nacionais e internacionais, como Fundação Getulio Vargas (FGV), Pontifícia Universidade Católica (PUC), Insper, Fundação Instituto de Administração (FIA), London Business School e King's College (Cambridge). É sócia fundadora do ATRA | Teixeira Ribeiro Kohler Ceccato – Sociedade de Advogados e de empresas nas áreas de tecnologia, educação, contabilidade e medicina, além de investidora em start-ups de tecnologia e atuação *pro bono* em projetos voltados para educação e inserção de mulheres carentes no mercado de tecnologia.

Contatos: www.kecyceccato.com.br
kecy@kecyceccato.com.br
LinkedIn: www.linkedin.com/in/kecyceccato
11 99905 4571

Em primeiro lugar, é importante contar como se deu o início da minha jornada como conselheira de empresas e isso tem total aderência a dois fatores: minha abundante vontade de contribuir e sempre encontrar soluções para todos os problemas, o que acabou por desdobrar no segundo fator: minha formação em direito.

Sempre tive um perfil de "solucionar problemas" e uma incansável busca por alternativas sustentáveis e com o melhor impacto para todos os envolvidos. Com isso, nasceu minha necessidade de *longlife learning*, o que me fez buscar cursos nacionais e internacionais, incluindo formações muito além do universo jurídico e também escolher uma trajetória profissional dentro de empresas de grande porte, nacionais e multinacionais, atuando não apenas em departamentos jurídicos, mas também em outros como recursos humanos e auditoria. Até que, em 2018, iniciou-se minha jornada no empreendedorismo quando fundei o ATRA | Teixeira Ribeiro Kohler Ceccato – Sociedade de Advogados, na busca de oferecer soluções jurídicas completas, eficazes e dinâmicas, conforme as necessidades do atual mercado tão competitivo e globalizado.

Foi nessa jornada de empreendedorismo que passei a me relacionar com outros empreendedores e, além de atuar como advogada, comecei a me envolver com o desenvolvimento e a discussão de estratégias de manutenção e crescimento de importantes empresas, o que me fez, então, ser convidada para atuar como conselheira.

Em um mercado que cada vez mais discute inovação, novas tecnologias e o papel do ser humano e seus direitos e deveres, foi muito natural o início das discussões sobre o papel do conselheiro nos ambientes empresariais, tendo em vista sua enorme importância estratégica, mas antes disso, para que a atuação fizesse sentido, deveria também fazer sob a ótica de momento de contratação, direitos e deveres, entregáveis e as formas mais adequadas de contratação conforme a necessidade de cada empresa.

Então, no meio de discussões complexas sobre o momento da empresa, estratégias para incrementar a boa governança corporativa, sustentabilidade e crescimento organizacional, vieram as questões sobre por quê, como e quando contratar um conselheiro, afinal, esse papel exige uma profunda compreensão de responsabilidades jurídicas e as várias modalidades de contratação existentes no mercado.

Ser conselheiro envolve não apenas atuar como figura consultiva, mas assumir responsabilidades que possam impactar diretamente o futuro da empresa. Ao mesmo tempo, as formas de contratação e atuação dos conselheiros têm evoluído para refletir as mudanças no ambiente corporativo, exigindo flexibilidade e adaptação.

Este capítulo busca explorar as principais responsabilidades legais do cargo de conselheiro, as diversas formas de contratação e a importância desse papel nas estruturas societárias das empresas. Essa discussão é essencial para qualquer profissional que deseje entender ou ingressar no papel de conselheiro, oferecendo uma visão ampla e detalhada sobre os desafios e as oportunidades que o cargo oferece.

Antes de mais nada, é necessário esclarecer a diferença entre conselheiros de administração e conselheiros consultivos.

O conselho de administração é um órgão previsto no Estatuto Social das Sociedades Anônimas (regido pela Lei n. 6404/76, denominada "Lei das SAs") formal e deliberativo. Os conselheiros possuem responsabilidades legais e fiduciárias, participando diretamente das decisões estratégicas e de governança da empresa, como aprovações de investimentos, fusões e aquisições, definição de políticas e diretrizes corporativas.

Já o conselho consultivo é um órgão não exigido pela legislação. Como o próprio nome sugere, atua de forma consultiva e não possui poder de decisão. Os conselheiros oferecem aconselhamento, opiniões e recomendações à gestão da empresa e possuem uma função flexível, atuando como orientadores para a gestão da empresa, sem as mesmas responsabilidades legais que um conselheiro de administração.

Resumindo, o conselho de administração é uma entidade formal e decisória, com responsabilidades legais e uma função de supervisão e governança, enquanto o conselho consultivo é um órgão de apoio estratégico, sem poder de decisão ou responsabilidade legal que fornece orientações e aconselhamento de forma flexível. Ambos são muito importantes, mas atendem a propósitos distintos e são apropriados para diferentes contextos e tipos de empresas.

Responsabilidade jurídica dos conselheiros

Para esclarecer a diferença entre os papéis e responsabilidades de conselheiros de administração e conselheiros consultivos, segue um quadro resumo:

Figura 1 – Responsabilidades jurídicas dos conselheiros

Responsabilidades	Conselho de administração	Conselho consultivo
Orienta, divide conhecimento, aconselha e busca alternativas de mercado para propor melhores práticas para a empresa	Sim	Sim
Toma decisões em nome da empresa	Sim	Não
Dever fiduciário	Sim	Não
Responde civilmente por danos provocados por si ou pela empresa a terceiros	Sim	Não*
Responde administrativamente por não obedecer aos regulamentos de órgãos de fiscalização	Sim	Não*
Responde criminalmente em casos de fraude, corrupção ou gestão fraudulenta	Sim	Não*
Dever de diligência (atuar sempre protegendo a empresa de decisões precipitadas ou mal fundamentadas)	Sim	Sim**
Dever de lealdade (agir em prol dos melhores interesse da empresa e sem conflito de interesses)	Sim	Sim**
Dever de informar (compartilhar todas as informações relevantes sobre a empresa com os demais membros e com as partes envolvidas)	Sim	Sim**

Fonte: elaboração própria.

* Desde que no exercício regular de sua função sem desvio de atuação ou finalidade ou sem comprovação de favorecimento pessoal ou de terceiros.

** Embora não tenha responsabilidade fiduciária, é esperado que atue dessa forma.

Importância dos conselhos consultivos nas estruturas societárias

O papel fundamental dos conselhos consultivos nas estruturas societárias é oferecer orientação estratégica e apoio aos executivos e acionistas da empresa, elevando os padrões de gestão e decisões. Alguns aspectos mais relevantes que podem ser destacados são:

- **Visão estratégica e experiência**: conselheiros consultivos trazem experiência de mercado e conhecimento técnico, ajudando a empresa a identificar oportunidades, melhorar processos e alinhar-se às melhores práticas. Essa visão externa, muitas vezes oriunda de diferentes setores, enriquece a análise estratégica e amplia a capacidade de inovação.

- **Apoio à tomada de decisão (menor pressão sobre a administração)**: com um olhar imparcial e objetivo, o conselho consultivo oferece perspectivas que auxiliam os gestores a tomarem decisões mais assertivas e embasadas.
- **Networking e acesso a recursos**: conselheiros experientes geralmente têm uma rede de contatos extensa, o que pode facilitar parcerias estratégicas, investimentos e a entrada em novos mercados. Isso é particularmente relevante para empresas em expansão ou que precisam de acesso a novos recursos e conhecimentos.
- **Redução de riscos e conformidade**: apesar de não terem responsabilidade legal, os conselheiros consultivos ajudam a identificar e mitigar riscos, contribuindo para a conformidade com regulamentações e reduzindo a exposição da empresa a riscos jurídicos e de governança.
- **Apoio à cultura organizacional e governança**: um conselho consultivo bem estruturado também ajuda a reforçar valores e práticas de governança na empresa, promovendo uma cultura organizacional mais forte e orientada para a ética e a transparência.
- **Flexibilidade e custo-benefício**: por não estarem formalmente inseridos na estrutura de governança da empresa, conselhos consultivos são mais ágeis e menos onerosos do que conselhos de administração, oferecendo uma relação custo-benefício vantajosa, especialmente para empresas de médio porte ou em fases iniciais de crescimento.

Formas de contratação no mercado atual

Um assunto que tem gerado muita discussão – e curiosidade – é sobre as formas de contratação de conselheiros consultivos. Considerando que os conselhos de administração, por serem obrigatórios, já respeitam uma dinâmica própria, a grande questão é sobre como contratar (ou ser contratado) para atuar em um conselho consultivo.

Considerando as características comuns dessa relação, alguns pontos devem ser previamente definidos para que o modelo de contratação seja adequado, sendo os mais relevantes: objetivos claros, definição de responsabilidades e expectativas, remuneração, vigência e cláusulas de limitação de responsabilidade, confidencialidade, não concorrência e propriedade intelectual.

Após discutidas e alinhadas as condições, podemos tratar sobre as formas mais comuns de contratação no mercado atual, elencando alguns modelos mais usados:

1. **Contrato de prestação de serviços**: com definição de remuneração fixa (mensal, trimestral ou por reunião) ou por sessão de atuação. É o modelo mais adotado por trazer enorme flexibilidade tanto na contratação quanto na rescisão.
2. **Participação nos lucros ou *stock options***: em empresas com capital aberto ou start-ups é comum oferecer participação nos lucros ou *stock options* como forma de remuneração. Isso cria um alinhamento de longo prazo entre o conselheiro e os objetivos da empresa, incentivando-o a contribuir para o crescimento.
3. **Contratação por projeto específico**: como o próprio nome diz, geralmente tem remuneração e prazo definido. Exemplos: fusão e aquisição, desenvolvimento de novo produto.
4. **Contratação em regime de *pro bono* ou parceria**: algumas empresas, especialmente organizações sem fins lucrativos, podem contar com conselheiros consultivos que atuam de forma voluntária ou em troca de parcerias estratégicas.

Não há necessariamente o melhor tipo de contrato, mas sim aquele que se adequa às condições das partes envolvidas, no caso, empresa e conselheiro.

Portanto, é possível concluir que atuar como conselheiro consultivo, além de ser uma forma absolutamente eficaz de promover o desenvolvimento dos negócios, é um excelente meio das empresas contratarem profissionais de grande envergadura que possivelmente não poderiam contratar se fossem assumir uma função executiva dentro da corporação.

E, sob esse prisma, é de absoluta importância que o conselheiro consultivo conheça integralmente suas responsabilidades e obrigações, negocie bem sua contratação e, sempre que possível, atue orientando as empresas que desejam implementar conselhos consultivos com relação às obrigações e definições necessárias para que tanto o funcionamento quanto os resultados sejam efetivos e adequados.

Aos colegas da área jurídica, recomendo um olhar atento às oportunidades de assessorar tanto os conselheiros como as empresas que pretendem implementar um conselho consultivo, atuando desde o registro em contrato ou estatuto social, formalidades de implementação, como regulamento, documentos de contratação, e consolidação dos objetivos a serem atingidos, assim como no efetivo acompanhamento das atividades e suporte aos conselheiros.

Ao longo desses anos atuando nessa área, vivenciei situações bem críticas, experimentadas tanto por conselheiros quanto por empresas, que poderiam ter sido facilmente evitadas com uma atuação e olhar durante a implementação já no início da relação. Muitos casos de discussão de não concorrência e propriedade intelectual que, por não terem sido corretamente estabelecidos ou negociados, trouxeram significativos prejuízos às empresas.

De outro lado, casos de conselheiros que assumiram papéis diversos (extrapolando suas obrigações e responsabilidades) na ânsia de "entregar além das expectativas", trazendo desdobramentos e consequências que, em alguns casos, amargam até hoje. Por exemplo, sugiro sempre cautela quando a contratação se dá no modelo de participação nos lucros ou *stock options*, por conta do risco de o conselheiro atuar com extrema dedicação e a empresa não atingir os resultados esperados (ou gerar dívidas), o que se traduz em uma enorme frustração ao profissional.

Como desdobramento, quando falamos em participação acionária, é de extrema importância que o profissional compreenda as responsabilidades e obrigações que nascem quando sai da cadeira de conselheiro para a cadeira de sócio. Um abismo importante que deve ser superado com muita informação e orientação.

E, por fim, uma dica que sempre dou aos meus clientes. Não há decisão precipitada e rápida a ser tomada. Tudo pode – e deve – ser avaliado e pensado em tempo suficiente para que a decisão seja tomada com o maior número de informações e cautela possível. Nos tempos atuais, quando todos estamos ansiosos, agendas lotadas e correio repleto de e-mails e mensagens importantes a responder, chega a ser "prazeroso" eliminar pendências e atropelar análises. Porém, há casos em que uma decisão rápida e mal tomada pode trazer consequências por longos anos e, geralmente na vida de um conselheiro, que é um profissional maduro e com uma trajetória já consolidada, amargar alguns anos de problemas pode significar o fim de sua trajetória profissional.

Mas, com a cautela e análise adequadas, com a definição de boas bases de contratação e regulamentação para ambas as partes, a implantação de um conselho consultivo é um ótimo exemplo de ganha-ganha. Ganha o executivo por poder contribuir com sua larga experiência e capacidade técnica. Ganha a empresa por poder contar com o aconselhamento de profissionais na tomada de decisões cruciais para sua sustentabilidade e sobrevivência.

Desejo vida longa aos conselhos consultivos e às empresas que, em meio a tantos desafios diários, podem se unir cada vez mais em busca do desenvolvimento do ambiente empreendedor através de uma gestão colaborativa, competente, dinâmica e inclusiva.

CAPÍTULO 14

De RH e louco todo conselheiro tem um pouco!

O profissional da área de recursos humanos pode agregar um enorme valor aos conselhos consultivos e de administração, trazendo para o colegiado uma visão de negócios focada no principal ativo de qualquer organização: as pessoas. Juntos, vamos descobrir como a governança ganha um tom humano e diferenciado ao considerar a gestão de pessoas nos processos de tomada de decisão.

Debora Trevisan

DEBORA TREVISAN

Psicóloga, com pós-graduação em Transformação Digital e MBA Executivo pela Fundação Getulio Vargas (FGV), há mais de 25 anos está focada em recursos humanos, com forte experiência dirigindo a área de pessoas e atuando como executiva de grandes companhias multinacionais, muitas que receberam o selo Great Place to Work. Formada e certificada como Conselheira pelo Instituto Brasileiro de Governança Corporativa (IBGC) e pela Board Academy, é reconhecida como um dos RHs mais admirados do Brasil pelo Grupo Gestão RH e coautora do livro *CEOs & RHs, histórias inspiradoras* – Volume 3. É casada com o Alexandre, mãe do Guilherme, do Eduardo e da Laura, e apaixonada por alcançar resultados por meio de gente.

Contatos: deboratrevisan@terra.com.br
LinkedIn: www.linkedin.com/in/debora-trevisan

Em um canto suave, a avó tecia,
Fios de amor, com sabedoria.
Enquanto o neto, curioso e atento,
Sentava-se no chão, em silencioso momento.

Olhava o tapete, avesso a brilhar,
Um emaranhado de linhas a dançar.
Nós confusos, tramas sem fim,
Desenhos ocultos que não faziam sentido assim.

"Por que é tão bagunçado?" o pequeno questionou,
A avó sorriu, com ternura no olhar:
"Meu filho, no caos há magia a brotar,
E a beleza se revela quando se sabe esperar."

Pegou o piá no colo, virou o tapete para o sol,
E o que antes era só nó, agora era farol.
Flores e padrões, um mundo em harmonia,
Mostrando que na vida, há sempre uma sinfonia.

"Às vezes, meu querido, o que vemos é dor,
Mas quando estamos juntos, aflora o amor.
Na tapeçaria da vida, com paciência e união,
Transformamos o caos em pura criação."

***Minha avó tecia o mundo*, Pablo Morenno**

Quando iniciei a formação em Psicologia, não senti aquele olhar de aprovação por parte dos meus pais, afinal de contas, era um curso para "loucos" e até acho que eles mentiam aos amigos quando estes perguntavam que faculdade sua filha estava cursando...

Algo semelhante aconteceu quando ingressei na área de recursos humanos, já no último ano da universidade. O antigo departamento pessoal sempre foi considerado a pior área de uma empresa, um lugar de profissionais sisudos, fiscais dos empregados e detentores do poder de contratar e demitir. O RH gerava uma espécie de sentimento de medo e repulsa, além de ser o mais mal remunerado da organização.

Mas você já teve aquela sensação de olhar para trás e perceber que você trilhou o caminho certo? E um misto de orgulho e satisfação invadem o nosso ser e percebemos que agora tudo faz sentido e, como ilustrado no poema que abre este capítulo, os nós e a bagunça dão lugar à harmonia e à beleza?

Entrei na faculdade de Psicologia porque queria trabalhar com crianças e, como já citei, no livro *CEOs & RHs, histórias inspiradoras* dirigi os meus estudos nesse sentido, até que no 4º ano do curso tínhamos uma matéria que se chamava psicodiagnóstico infantil, que tinha como objetivo conduzir algumas sessões com a criança e sua família para identificar qual seria o tratamento mais adequado. Esse trabalho durava de 2 a 4 meses com cada criança e envolvia tanto o atendimento ao pequeno paciente, como também reuniões de conversas com os pais, considerados por nós – alunos inexperientes – os culpados por tudo, e exatamente por isso ninguém gostava das sessões com os pais. Mas eu tenho um perfil bastante executor, sempre fui assim: "Não gosto de passar roupas, mas já que tenho que passar... Me dá aqui a tábua, o ferro e vamos lá!". Então eu assumia essa tarefa, não porque sentia prazer, mas por pura obrigação. Até que a orientadora dessa matéria, professora Márcia Moyses, um dia me chamou e me deu o primeiro feedback transformador da minha vida. Ela me disse: "Debora, eu sei que o seu objetivo é trabalhar com crianças, mas estou percebendo que você possui um talento especial para lidar com adultos. De alguma maneira você demonstra um olhar menos julgador e consegue tocar esses pais de uma forma diferente. Apesar de não ser o nosso objetivo durante o psicodiagnóstico, suas intervenções conseguem promover mudanças positivas na dinâmica familiar. Se eu fosse você, reavaliaria seus objetivos ou pelo menos abriria oportunidades para explorar melhor o trabalho com adultos". Confesso que fiquei bem brava, pois pensei que seria o meu fim, já que agora os pais iam sobrar para mim mesmo... Mas depois comecei a refletir, a me perceber e decidi me abrir. Foi no último ano da universidade, em 1996, que conheci o trabalho com adultos nas organizações, o RH, e aí nasceu o meu grande primeiro amor!

A área de recursos humanos sempre esteve à margem dos processos de tomada de decisão e só era vista como um departamento operacional e punitivo. Mas, aos poucos, o desenvolvimento de pessoas foi ganhando espaço e começamos a perceber que colaboradores melhor preparados, nos lugares certos e bem cuidados (consequentemente mais satisfeitos), produziam mais. Ao mesmo tempo, correlacionando a felicidade do empregado com a satisfação do cliente, notou-se que essas variáveis eram diretamente proporcionais, isto é, uma empresa com funcionários mais contentes também tinha clientes mais fiéis e isso nem era uma coincidência. E não precisamos de exímios técnicos para concluir que os resultados seguiam a mesma curva. Bingo! Começava aí o *turning point* (em português, o ponto da virada ou o ponto de inflexão) do RH, o que só se consolidou de fato com a pandemia da Covid-19 lá pelos idos do ano de 2020.

A pandemia desafiou as culturas corporativas, levando os RHs a criarem ações de reforço da comunicação interna, privilegiando a transparência e a geração de um ambiente de trabalho positivo, mesmo que os colaboradores estivessem fisicamente afastados. A confiança nas relações tornou-se a base para o bom desempenho e nunca se investiu tanto em bem-estar e saúde mental. As mudanças nas dinâmicas de trabalho fizeram com que a retenção e o engajamento de talentos se tornassem ainda mais cruciais. O RH precisou se reinventar e, por meio de uma atuação realmente estratégica, passou a ditar ao negócio o que as pessoas almejavam e precisavam para entregar o seu melhor. Os profissionais de RH tornaram-se fundamentais na elaboração de planos de continuidade e gestão de crises e, finalmente, ocuparam – de fato – cadeiras no comitê executivo, já que se transformaram no centro das estratégias organizacionais e em um agente vital para a adaptação e a resiliência das corporações.

Eu vivi a alegria de ver o curso de Psicologia ser tão disputado quanto o de medicina e o incrível deleite de assistir à ascensão da área de RH, que ganhou até nomes mais pomposos como "Desenvolvimento Humano e Organizacional" (DHO), "Gente e Gestão", "*People*" (em português, Pessoas) e por aí vai.

Mas o profissional de recursos humanos ainda carrega o rótulo de alguém que não sabe de negócios, que não domina números e só quer levar os executivos para atividades de "abraçar árvore".

Ledo engano... O que muitos não percebem é que a experiência adquirida no RH não apenas capacita esses profissionais a gerirem talentos, mas também os torna candidatos ideais para integrar conselhos consultivos e de administração. Profissionais de RH têm uma compreensão profunda das dinâmicas de equipe, são proficientes em resolução de conflitos e possuem habilidades interpessoais que podem facilitar a comunicação e a colaboração em um ambiente de governança. A capacidade de compreender e gerenciar o capital humano de uma empresa é crucial para qualquer negócio que busca manter-se competitivo e inovador.

Competências do profissional de RH que agregam valor aos conselhos

Oriundos de diversas graduações, os profissionais de RH – além das habilidades técnicas – possuem uma série de competências que são altamente benéficas para qualquer conselho consultivo ou de administração. Aqui estão algumas das principais:

- **Visão holística da organização**: o RH tem uma visão transversal de toda a organização, compreendendo como cada departamento e função contribuem para os objetivos gerais da empresa. Essa perspectiva é inestimável para um conselho que precisa tomar decisões informadas e equilibradas.
- **Gestão de talentos**: a habilidade de atrair, desenvolver e reter talentos é crítica para a saúde de longo prazo de qualquer organização. Conselheiros oriundos de RH podem oferecer insights valiosos sobre a adequação da liderança, sucessão e desenvolvimento de capacidades.
- **Inteligência emocional**: profissionais de RH são frequentemente experientes em lidar com conflitos, negociações e em promover um ambiente de trabalho saudável. Essas habilidades são essenciais em um cenário de conselho, em que a dinâmica entre membros pode ser complexa e desafiadora.
- **Gestão da mudança**: a adaptação a mudanças é uma constante no mundo dos negócios. O RH traz uma expertise em gerir processos de mudança, assegurando que as transições sejam suaves e que os objetivos estratégicos sejam alcançados.
- **Ética e conformidade**: a promoção de práticas éticas e a conformidade com regulamentos laborais e outras normativas são áreas em que o RH naturalmente se destaca. Isso é crítico em um cenário de governança, no qual a vigilância sobre questões éticas deve ser contínua.

- **Promoção da diversidade e inclusão**: empresas diversas e inclusivas são mais inovadoras e resilientes. Profissionais de RH estão na vanguarda dessas iniciativas, trazendo uma perspectiva vital sobre como cultivar um ambiente diversificado e inclusivo.
- **Gestão de recursos e remuneração**: principalmente em empresas que são geridas por fundos de investimento, mas não exclusivamente, trazer uma visão clara de métodos e processos no que tange à gestão dos custos de pessoal torna-se crucial.

A governança colegiada, caracterizada pela tomada de decisões coletivas e pela responsabilidade compartilhada, beneficia-se enormemente da inclusão de profissionais de RH. Eles trazem para a mesa discussões sobre o impacto humano das decisões estratégicas, assegurando que o bem-estar dos funcionários e a cultura organizacional não sejam negligenciados em prol de ganhos de curto prazo. Sem deixar de mencionar a competência desse profissional em trazer mais transparência e clareza às relações e aos processos de comunicação. Além disso, o RH pode ajudar a fortalecer a coesão do conselho, promovendo um ambiente de colaboração e respeito mútuo.

O desafio da transição e a inspiração para futuras conselheiras

Embora as habilidades sejam transferíveis, a transição de um papel estritamente de RH para um papel de conselheira pode ser desafiadora. É crucial reconhecer nossas próprias capacidades e o valor que elas podem trazer para a mesa de decisão. A confiança é fundamental; portanto, a construção de uma rede de contatos e a participação em programas de mentoria podem facilitar essa passagem.

Além disso, é importante que futuras conselheiras busquem formação e desenvolvimento contínuo. Cursos sobre governança corporativa, finanças e estratégia podem proporcionar uma base sólida e ampliar a compreensão sobre o funcionamento de um conselho.

Quando fui apresentada a essa carreira, entendi que seria a continuação de algo que já faço como executiva, já que sou o apoio consultivo não só do meu *chief executive officer* (CEO), função que denomina o presidente de uma corporação, mas de todo o comitê executivo. Além disso, conciliar as duas funções poderia gerar benefícios para ambos os lados. Por isso, decidi que gostaria de ser conselheira ainda enquanto ocupo uma cadeira de executiva. Obviamente, é fundamental ter a aprovação da corporação da qual fazemos parte, alinhar muito bem o tema com a gestão e tomar os cuidados necessários em relação ao compliance, como jamais atuar no conselho de um concorrente ou em alguma cadeira que possa gerar qualquer tipo de conflito de interesse.

Participar de conselhos oferece uma oportunidade única para ampliar a influência e o impacto não apenas dentro de uma organização, mas também na comunidade empresarial como um todo. É uma chance de contribuir para a formulação de políticas e estratégias que moldem o futuro das empresas.

Ao longo desses quase 30 anos de RH, posso dizer que o principal impacto que podemos deixar nas organizações é o amor com que realizamos o nosso trabalho e entregamos nossas missões.

A coragem que temos de unir o intangível à matemática e a bandeira que levantamos em favor do ser humano são verdadeiras armas que precisam estar nas mais elevadas camadas de uma empresa.

Um chamado à transformação

Ao olharmos para o futuro da governança corporativa, é evidente que a diversidade de experiências e perspectivas é fundamental para o sucesso sustentável das empresas. Os conselheiros oriundos do RH trazem uma riqueza de conhecimento sobre gestão de pessoas, cultura organizacional e inteligência emocional, habilidades essenciais em um mundo de negócios cada vez mais complexo e interconectado.

É hora de rompermos barreiras e reconhecermos que a governança eficaz não se limita a números e estratégias financeiras, mas também envolve a compreensão profunda das necessidades humanas e do potencial das equipes. Que esse seja um convite para que mais profissionais de RH se juntem aos conselhos, desafiando a norma e contribuindo com sua visão única.

A transformação começa com cada um de nós. Vamos, juntos, moldar um futuro em que a governança seja sinônimo de inclusão, inovação e humanidade. A sua voz pode ser a chave que abre portas para um novo paradigma, no qual a empatia e a estratégia andam lado a lado. É hora de agir, inspirar e liderar – pois, ao final do dia, a verdadeira liderança é aquela que valoriza as pessoas. E, para gostar de gente, principalmente nos dias de hoje, tem que ser um pouco louco mesmo!

Em um mundo onde a lógica se encontra com a paixão, é na dança entre razão e emoção que surgem os verdadeiros conselheiros, aqueles que transformam a loucura em sabedoria.

(Autor desconhecido)

CAPÍTULO 15

Educação financeira para o futuro

Impactando conselhos, instituições e famílias

A transição de executora para conselheira requer uma mudança de mentalidade, trocando decisões operacionais por uma abordagem estratégica, com foco em perguntas críticas e visão de longo prazo. A educação financeira é essencial para decisões sustentáveis nos conselhos. O aprimoramento técnico e estratégico deve ser contínuo e a intencionalidade de construir um futuro sólido deve sempre guiar o papel do conselheiro.

Andreza Rosa Cruz

ANDREZA ROSA CRUZ

É bacharel em relações internacionais, com MBA em Gestão Financeira pela Fundação Getulio Vargas (FGV) e pós-graduação em Cultura Material & Consumo pela Escola de Comunicações e Artes da Universidade de São Paulo (ECA-USP), com foco em perspectivas semiopsicanalíticas. Certificada CFP® desde 2015, possui 18 anos de experiência em grandes instituições financeiras, atuando também como planejadora financeira independente. Ao longo desses anos, sempre aconselhou seus clientes em suas instituições e famílias, ajudando-os a tomar decisões estratégicas e a construir um futuro financeiro sustentável. Formada como Conselheira de Administração pelo Instituto Brasileiro de Governança Corporativa (IBGC), atualmente é *advisor* no Banco BTG Pactual, o maior banco de investimentos da América Latina, e integra o comitê de finanças, riscos, controles internos e auditoria da Diversity on Boards. Casada, mãe de duas filhas, é apaixonada por família, cavalos e finanças.

Contatos: andreza.cruz@andrezarosacruz.com.br
LinkedIn: www.linkedin.com/in/andreza-rosa-cruz
Instagram: @andrezarosacruz

Minha jornada na educação financeira começou há mais de 18 anos, quando iniciei minha carreira na mesa de operações de renda variável como trader. Foi um caminho que eu jamais imaginei trilhar. Nunca pensei em trabalhar no mercado financeiro, mas foi uma oportunidade que surgiu inesperadamente – como se o mercado financeiro tivesse me escolhido.

Naquele momento, o mundo dos investimentos me fascinava pela complexidade e pela oportunidade. A paixão por finanças se intensificou com o tempo, me levando a obter a certificação CFP®[1] e a especializar-me em estratégias de planejamento financeiro. Descobri não apenas uma profissão que eu tinha habilidade natural para lidar, mas também um propósito de vida: ajudar pessoas a alcançar a independência financeira e a construir um futuro seguro.

1 O CFP® (*Certified Financial Planner*) é uma certificação internacional concedida a profissionais da área de planejamento financeiro pessoal. Ela atesta que o profissional possui conhecimento, habilidades e ética para prestar aconselhamento financeiro abrangente, que envolve planejamento de investimentos, aposentadoria, sucessão patrimonial, seguros, gestão de caixa e outros aspectos da vida financeira.

Ao longo dos anos, percebi que a educação financeira vai muito além dos números e das planilhas. Trata-se de construir uma relação saudável com o dinheiro, equilibrando entre os extremos do comportamento humano em relação às finanças. De um lado, há o avarento, que só encontra prazer na acumulação de riqueza, sem conseguir usufruir do que conquistou; de outro, o esbanjador, que gasta tudo o que tem, encontrando satisfação na posse e na ostentação, mas muitas vezes sem pensar nas consequências a longo prazo. Entender e navegar entre esses dois perfis comportamentais é essencial para alcançar uma vida financeira equilibrada e satisfatória.

Essa compreensão profunda da importância da educação financeira me levou a atuar em diferentes frentes – desde a consultoria personalizada até o desenvolvimento de programas educacionais e mentorias para famílias e instituições, além de participar em conselhos. Meu envolvimento com finanças também abriu as portas para atuar no comitê de finanças, riscos, controles internos e auditoria do Diversity on Boards, no qual contribuo diretamente para fortalecer a governança e a sustentabilidade financeira nas organizações. A educação financeira, para mim, se tornou uma missão que permeia todos os aspectos da minha carreira e vida.

Este capítulo é um reflexo da minha trajetória e das lições que aprendi ao longo do caminho. Nele, compartilho experiências que obtive em conselhos, instituições e famílias, preparando-os para enfrentar os desafios do futuro com segurança e confiança.

Educação financeira nos conselhos corporativos

No cenário corporativo atual, a educação financeira não é apenas uma competência desejável, mas uma necessidade fundamental para a boa governança e a sustentabilidade das organizações. Os conselhos corporativos, responsáveis por orientar e supervisionar as decisões estratégicas de uma empresa, precisam estar munidos de um conhecimento sólido em finanças para cumprir eficazmente suas funções. Conselheiros financeiramente educados não precisam ter conhecimentos aprofundados em finanças, mas devem ser capazes de fazer questionamentos sólidos e pertinentes aos responsáveis pela gestão financeira, garantindo que não fiquem à deriva de análises erradas ou incompletas. Além disso, esses conselheiros tendem a ter uma relação sólida e saudável com o dinheiro, o que reflete em uma visão mais equilibrada e estratégica nas decisões corporativas.

A falta de conselheiros com formação financeira pode levar a decisões equivocadas que afetam a alocação de recursos e a viabilidade da organização a longo prazo. Conselheiros com sólida educação financeira fortalecem a governança corporativa, trazendo uma visão crítica e capacidade de identificar oportunidades e mitigar riscos. Eles promovem uma cultura de responsabilidade e transparência, essencial para a confiança dos stakeholders.

Tive a oportunidade de vivenciar essa realidade de perto quando fui contratada por uma conselheira com vasta experiência na área de recursos humanos. Na ocasião, ela precisava apresentar uma proposta multidisciplinar ao conselho, envolvendo decisões estratégicas que demandavam um entendimento das finanças da organização. Como sua formação não abrangia finanças, ela solicitou minha ajuda para garantir que a análise financeira fosse precisa e alinhada com os objetivos estratégicos da empresa. Essa colaboração entre áreas distintas reforçou a importância de conselheiros terem uma base financeira para enriquecer suas propostas e garantir uma visão mais integrada e eficiente.

Além de auxiliá-la com essa demanda específica, nossa parceria evoluiu para um programa de mentoria, no qual passei a ensinar conceitos fundamentais de finanças, adaptados ao contexto de suas responsabilidades no conselho. Esse acompanhamento permitiu que ela se tornasse mais segura e confiante ao abordar temas financeiros nas discussões estratégicas, promovendo uma governança mais informada e alinhada aos desafios da organização. Esse processo de aprendizado contínuo mostrou como o desenvolvimento de habilidades financeiras pode ser transformador para conselheiros de todas as áreas, permitindo que atuem de maneira mais completa e integrada nas decisões corporativas.

Essa experiência reforça a relevância de conselheiros, independentemente de sua área de origem, buscarem aprimorar seus conhecimentos em finanças. Não é necessário que se tornem especialistas, mas compreender os princípios financeiros básicos possibilita uma contribuição mais robusta nas discussões estratégicas e na tomada de decisões. Para aqueles que almejam uma posição em conselhos, essa habilidade se torna cada vez mais indispensável, especialmente em um ambiente de negócios que exige visões multidisciplinares para garantir a sustentabilidade e o crescimento das organizações.

Educação financeira nas instituições

A integração da educação financeira nas políticas institucionais é uma estratégia poderosa que pode transformar o ambiente organizacional, promovendo resultados sustentáveis e duradouros, através da implementação de treinamentos financeiros regulares e práticos. Quando as instituições incorporam a educação financeira em seus processos internos, não apenas capacitam seus colaboradores a gerenciarem melhor suas finanças pessoais, mas também fortalecem a organização ao conscientizar sobre a melhor utilização dos recursos financeiros, promovendo assim a sustentabilidade.

Colaboradores financeiramente educados tendem a ser mais produtivos, engajados e menos suscetíveis ao estresse financeiro, o que se reflete em um ambiente de trabalho mais saudável e eficiente. Além disso, essa educação proporciona uma base sólida para a tomada de decisões financeiras mais informadas, contribuindo para uma gestão de recursos mais eficaz e para a identificação de oportunidades de economia e crescimento.

Em tempos de crise, a educação financeira se torna ainda mais crucial, pois capacita tanto as instituições quanto os colaboradores a responder de maneira mais resiliente e adaptável aos desafios econômicos. Colaboradores financeiramente educados estão melhor preparados para enfrentar adversidades, evitando pânico financeiro e mantendo uma visão estratégica a longo prazo. Da mesma forma, instituições que promovem essa educação conseguem navegar por períodos de instabilidade com maior segurança, mantendo a confiança dos stakeholders e preservando a sustentabilidade do negócio. Empresas que investem na educação financeira de seus colaboradores promovem uma cultura organizacional que valoriza a responsabilidade e a transparência, fatores cruciais para a confiança dos stakeholders e a reputação no mercado. Em suma, ao incorporar a educação financeira em suas políticas e processos, as instituições não só melhoram o bem-estar de seus colaboradores, mas também asseguram sua própria resiliência e sucesso a longo prazo, especialmente em momentos de crise.

Educação financeira familiar: o papel das famílias na educação financeira das próximas gerações

A educação financeira no ambiente familiar é um pilar essencial para o desenvolvimento de uma relação saudável com o dinheiro, garantindo que as próximas gerações perpetuem o legado familiar de forma próspera e sustentável. No Brasil, aproximadamente 90% das empresas possuem perfil familiar, segundo dados do Instituto Brasileiro de Geografia e Estatística (IBGE), mas apenas 30% conseguem chegar à terceira geração. Um dos principais motivos que explicam essa baixa taxa de sobrevivência está diretamente relacionado à falta de preparo financeiro e estratégico entre os sucessores, o que acaba afetando a continuidade e a competitividade dessas empresas ao longo do tempo.

A ausência de educação financeira sólida entre os herdeiros pode resultar em decisões financeiras equivocadas, prejudicando o fluxo de caixa, limitando a capacidade de expansão e ameaçando a estabilidade do patrimônio familiar.

Além da preparação técnica, o aconselhamento a empresas familiares exige uma abordagem diferenciada e sensível à dinâmica interna. Mais do que conhecimento sobre o setor ou finanças corporativas, o conselheiro precisa ser capaz de compreender os desafios únicos que surgem em um ambiente familiar. A combinação de objetivos de negócios e emoções familiares, como disputas de egos, expectativas divergentes e conflitos entre gerações, muitas vezes transforma a mediação em uma tarefa delicada.

Tive a oportunidade de vivenciar essa realidade de perto ao ser convidada a compor um conselho consultivo de uma empresa familiar. Minha função foi ajudar a identificar gastos desnecessários e auxiliar os membros da família a entender o que realmente era essencial para a operação da empresa e o que representava "luxos" individuais. Um dos momentos mais desafiadores foi quando precisei apresentar, de maneira prática e direta, o conceito de que bens adquiridos para a empresa pertencem à empresa, e não aos indivíduos. Embora esse tipo de situação possa gerar desconforto, minha abordagem foi sempre focada em garantir uma comunicação clara, sem deixar de lado a importância de preservar as boas relações e a convivência familiar.

A sucessão de liderança, por exemplo, vai além da simples transição de poder – ela requer uma preparação profunda e contínua, tanto do ponto de vista financeiro quanto emocional. Assim, a minha atuação como conselheira em instituições familiares tem me mostrado que a capacidade de conciliar conhecimentos técnicos de negócios com uma sensibilidade aguçada para lidar com questões emocionais é um diferencial imprescindível. Em conselhos familiares, a educação financeira precisa ser vista como um dos pilares centrais para a perpetuação do negócio e do patrimônio. Afinal, é ela que prepara os sucessores para tomarem decisões responsáveis, bem fundamentadas e que protejam o legado familiar.

Por isso, acredito que os membros de conselhos familiares devem não apenas ter domínio sobre a gestão de negócios, mas também uma empatia singular para compreender e equilibrar as necessidades emocionais e financeiras da família. A construção de sucessores financeiramente educados e emocionalmente preparados é fundamental para garantir que o legado não apenas se mantenha, mas prospere por gerações futuras.

Conclusão

A educação financeira é uma ferramenta essencial para o sucesso e a longevidade de conselhos, instituições e famílias. No ambiente corporativo, ela permite que conselheiros tomem decisões estratégicas mais assertivas e bem fundamentadas. Nas instituições, ela fortalece a governança e a sustentabilidade ao longo do tempo. Já nas empresas familiares, a educação financeira se torna o alicerce para a perpetuação do legado através das gerações. A falta de preparo financeiro é um dos principais fatores que comprometem a sobrevivência dessas organizações, sejam grandes corporações, instituições complexas ou negócios familiares.

Ao longo da minha trajetória, tenho observado o impacto transformador que a educação financeira pode gerar tanto nas pessoas quanto nas organizações. Muitas vezes, mesmo sem ocupar diretamente uma cadeira no conselho, estou nos bastidores, orientando profissionais responsáveis na tomada de decisões estratégicas. Com frequência, sou consultada por conselheiros com vasta experiência em outras áreas, mas que carecem de conhecimento financeiro. Ao ajudá-los a interpretar cenários com mais clareza, contribuo para que as decisões sejam tomadas com uma base financeira sólida, o que fortalece a governança e assegura a sustentabilidade das instituições.

A convergência entre conselhos, instituições e famílias é fundamental para criar um futuro financeiro mais equilibrado e sustentável. Ao promover a educação financeira nessas três esferas, estamos não só contribuindo para um ambiente empresarial e familiar mais saudável, senão garantindo um legado de responsabilidade e sucesso econômico para as gerações futuras.

Minha experiência em conselhos corporativos e familiares reforça que a educação financeira vai além da gestão de números; trata-se de construir uma relação saudável e equilibrada com o dinheiro, capaz de atravessar gerações. Conselheiros, líderes e sucessores financeiramente educados estão mais preparados para criar estruturas sólidas e enfrentar os desafios futuros com resiliência e inteligência.

Por isso, incentivo você a continuar sua jornada em busca de posições em conselhos, sempre aprimorando seus conhecimentos técnicos, pessoais e humanos. Os conselhos precisam de diversidade para se fortalecer, e a sua contribuição é parte fundamental dessa transformação. Com determinação e um compromisso contínuo com o desenvolvimento, você estará preparada para enfrentar os desafios e construir um futuro de sucesso e equilíbrio financeiro.

CAPÍTULO 16

Sucessão e implementação de conselhos em empresas familiares de médio porte no Brasil

No Brasil, 90% das empresas têm perfil familiar e 65% do PIB gerado provêm dessas organizações, que respondem por 75% dos empregos. Com essa relevância, é fundamental cuidar do processo sucessório em pequenas e médias empresas, pois, segundo pesquisas, apenas 30% delas alcançam a terceira geração. Este artigo entende sucessão como um processo planejado e uma visão compartilhada da família sobre a organização.

Roberta Meneghel

ROBERTA MENEGHEL

Sua trajetória nas empresas do Grupo SL teve início em 2005, após a formação em Administração de Empresas pelo Insper. Possui MBA em Agronegócio pela Escola Superior de Agricultura Luiz de Queiroz da Universidade de São Paulo (Esalq-USP) e Owner/President Management Program (OPM) pela Harvard Business School. Sempre atuando na área administrativo-financeira, desde 2022 é presidente (CEO) do Grupo SL, que engloba as empresas SL Cereais e Alimentos, SL Mylks, Sementes e Alimentos Paraná e Cereal Pro. Com presença significativa no mercado nacional de aveia, grãos integrais, proteínas *plant-based* e bebidas vegetais, atende as 10 maiores empresas de alimentos do mundo, assim como pequenas e médias empresas brasileiras. Participa de associações de classe, com destaque na Sociedade Rural do Paraná e, mais recentemente, na Associação Brasileira das Indústrias Moageiras de Aveia (Abiaveia). Também faz parte do Conselho de Administração da Zivalpast e da Rise Ventures e empreende em iniciativas nos negócios da família. Acredita que, com educação e conhecimento, é possível transformar o mundo.

Contatos: https://slpart.com.br
roberta@slpart.com.br
43 2101 2500

No Brasil, 90% das empresas têm perfil familiar, o que justifica compreendermos suas particularidades e ampliarmos conhecimento sobre seus processos de gestão, governança e implantação de conselhos. A relevância das empresas familiares, em nível nacional e mundial, é inegável.

Construir confiança é requisito para a longevidade dos negócios. A pesquisa global de empresas familiares da PWC (2023) ressalta o valor da construção de relacionamentos com stakeholders e aponta requisitos para que essas relações sejam de confiança, a saber:

1. Posicionamento público sobre questões importantes.
2. Definição de estratégia acordada e comunicada.
3. Declaração de propósito e compromissos claros.
4. Comunicação do propósito à comunidade externa.

Esse conjunto de valores e propósitos faz sentido a partir de uma atuação estratégica das pessoas, para o enfrentamento dos períodos de transição e dos desafios das empresas nos próximos anos, transformando as empresas familiares em ativos valiosos.

O planejamento sucessório é fundamental para que se obtenha êxito no processo. Este artigo compartilha a jornada da SL com o propósito de contribuir com práticas de gestão e de governança que possam transformar negócios, impulsionados pela formação de conselhos.

A experiência da SL pode ser uma inspiração para outras famílias que estão no processo sucessório ou de formação de conselhos. Somos uma empresa familiar que está na segunda geração. Nossa empresa nasceu em 1988, no norte do Paraná, na cidade de Mauá da Serra, com espírito empreendedor, objetivando o desenvolvimento de uma região. A empresa nasceu com foco em criar produtos para alimentação animal e a partir daí fomos vislumbrando o mercado da alimentação humana com a possibilidade de tomarmos novos rumos, com muita gestão e colaboração, o que tornou as empresas SL um dos maiores moinhos de aveia da América Latina.

Nas empresas SL, vemos muito claramente quais são os próximos passos e focamos na estratégia de internacionalização, o que requer evoluirmos nas narrativas com diferentes stakeholders para ampliarmos a reputação de nossos negócios. Fortalecer os processos de gestão das empresas familiares, incrementando mudanças, exige inovação, tecnologia, governança, sustentabilidade e compromisso com a sociedade.

A gestão do processo de sucessão é uma fase crucial, pois nela se pode atuar para impedir choque entre gerações, sendo primordial a manutenção da harmonia na família e também junto aos demais públicos relacionados à empresa. Assim, esse processo de transição pode ser tratado como algo gradual e tranquilo.

Vocação empreendedora na família e preparação para a sucessão

Entre os negócios de família, é interessante ressaltarmos que a vocação empreendedora existe naturalmente. A partir da escola começa-se a perceber a afinidade que há entre os irmãos quanto às habilidades para determinado negócio, e a manifestação dessa afinidade ocorre naturalmente.

A SL nasceu por Luiz Meneghel Neto, seu fundador, ser um empreendedor nato. O início do processo de sucessão foi natural; eu fui convidada a fazer parte do negócio, como *trainee*, logo que me formei. Quando entrei, mesmo com pouca experiência, comecei a pôr em prática o conhecimento adquirido da faculdade, o que me possibilitou ver o que é profissionalismo e a ter noção do que se entende por negócio. Por ser dotada de ótima capacidade analítica, implementei estratégias de maneira profissional, conquistando a confiança não só do fundador, meu pai, mas de todos os meus pares, e assim acabei assumindo naturalmente novos postos. Ter humildade, ouvir e respeitar as decisões são parte do processo de aprendizado e muitas vezes, mesmo sem haver plena concordância, as atividades devem ser executadas.

Para quem assume negócios de família é fundamental enriquecer-se de experiências em atividades ou empreendimentos diferentes dos da empresa familiar, participando, por exemplo, de entidades associativas. Um exemplo disso é a experiência que adquiri na Sociedade Rural do Paraná, na qual entrei como diretora administrativo-financeira e, em pouco tempo, passei a ocupar o cargo de vice-presidente. Na sequência, o curso OPM que fiz na Harvard Business School capacitou-me a ser eleita para o cargo que iria assumir, sendo todo esse esforço muito mais uma exigência pessoal, a fim de ter os requisitos necessários para ocupar a posição de CEO nas empresas SL.

Hoje, o empreendedor é membro do conselho consultivo das empresas SL e eu, CEO. Mas foi preciso planejamento para que a sucessão se efetivasse do melhor modo possível. Hoje, as decisões diárias referentes aos negócios são tomadas no âmbito executivo; as que envolvem assuntos estratégicos, no conselho; e as familiares, no âmbito familiar, como decisões sobre o que o empreendimento representa, sobre sua manutenção pela família e a consideração do valor desse ativo. Quando o negócio é avaliado a partir da família é fundamental que as discussões se façam periodicamente e terminem sempre com acordo, sendo o resultado compreendido por todos e a temática sucessão deve ser parte integrante das pautas.

Sobre sucessão: motivação, competências e conexão

É essencial que a pessoa que vai deixar o cargo comece, bem cedo, a refletir sobre o que fará depois. Essas reflexões levam a identificar quais são as motivações para pensar em sucessão, como o desejo de se aposentar, o fortalecimento do processo de continuidade da empresa com a nova gestão, a participação em conselhos (contribuindo com a experiência acumulada nos anos de dedicação), entre outros serviços. É importante que a sucessão se processe pacificamente, mantendo a empresa com os negócios em bom desempenho e a família em harmonia.

A pessoa que irá suceder precisa iniciar sua preparação e entender o porquê dessa mudança na direção da empresa. Deve auscultar as expectativas de todos os membros em relação a sua capacidade, competência, habilidade, além de outras qualidades. Quando existe uma sintonia entre o sucedido e sucessor, a sucessão ocorre tranquilamente. Muitas vezes o empreendedor, ou seja, o que fundou a empresa, não é o mais indicado para escalar os negócios. As habilidades e competências necessárias para criar um negócio são muito diferentes das exigidas para fazê-lo crescer.

No caso da SL, o processo de sucessão foi desenvolvido ao longo de cinco anos, tempo que permitiu aos membros compreenderem a necessidade de haver mudança na direção da empresa. Foram necessárias conversas difíceis e esclarecedoras indispensáveis para evitar conflitos e rupturas. Dessa forma, foi possível alinhar e compreender os objetivos, permitindo tempo para a maturação do processo e para que ele ocorresse de forma tranquila.

Evolução do processo de sucessão: governança e conselhos

É muito importante definir, no processo de sucessão, o papel do fundador, especialmente quanto à sua participação no conselho, no qual ele deve exercer uma função mais estratégica e orientadora. Em muitos casos, esse conselho ainda não existe e é requerida como primeira providência a criação do conselho consultivo, o qual, posteriormente, com o crescimento da empresa, deverá evoluir para um conselho de administração, no qual o fundador ainda esteja disponível para continuar contribuindo como conselheiro, inspirando e incentivando com as experiências adquiridas e expertise ao longo de sua carreira profissional. Com o crescimento da empresa, os conselhos passam a deliberar sobre assuntos mais estratégicos, dividindo responsabilidades com o executivo principal, no intento de colaborar para a escalabilidade da empresa, para o seu crescimento sustentado ao longo dos anos e para o enfrentamento de outros desafios.

Levar ao conselho novos olhares, como governança, mostrando-lhe novas possibilidades e pontos de vista mais amplos no exercício de governança, demonstra contribuições valiosas para a continuidade do sucesso dos negócios.

Os conselhos consultivos têm papel estratégico transitório, pois muitas pessoas que hoje exercem função no executivo em empresas familiares, não tiveram outras experiências de mercado, pois cresceram com a empresa. Assim, como dotar os conselhos consultivos de instrumentos mais apropriados para um avanço seguro da empresa, senão levando-lhe experiências adquiridas em outras empresas? Essa interrogação levanta uma questão de extrema importância que pode contribuir muito para a continuidade e o crescimento da empresa.

Nas empresas SL, implantamos o conselho consultivo em 2022, quando o fundador deixou a gestão, passando a desempenhar uma função de suma importância para a empresa, ficando disponível para atender consultas e para dar pareceres muito valiosos, pois as experiências adquiridas durante sua longa gestão dotaram-no de muitos conhecimentos.

Para pequenas empresas, sugiro um conselho puramente consultivo, com a função de prestar colaboração, como se fosse *friends & family*. Adquirindo porte médio, a empresa tem necessidade de uma estruturação mais ampla e mais consistente e de um conselho bem articulado. Uma empresa familiar que teve bom desenvolvimento deve abrir espaço para membros externos fazerem parte do conselho e estarem a par dos negócios.

Já uma boa governança é aquela que, além dos negócios e do lucro dos sócios, assume compromissos com a sociedade e com o meio ambiente, sendo geradora de valor sustentável. Segundo o Instituto Brasileiro de Governança Corporativa (IBGC), a governança é formada por princípios, regras, estruturas e processos para que as empresas sejam dirigidas e monitoradas a partir dos seguintes princípios: integridade, transparência, equidade, responsabilização (*accountability*) e sustentabilidade (IBGC, 2024).

Conselhos: implantação e formação

Chamamos a atenção para um ponto crucial: a implantação de conselhos. Muitas pessoas pensam que só grandes empresas têm necessidade de conselho. Mas é surpreendente o resultado que obtêm tanto médias quanto pequenas empresas com a implantação de conselhos; eles ajudam a impulsionar os negócios, a manter vivos os propósitos e a direcionar os rumos da empresa. Com uma visão ampliada, elas podem evoluir com muito mais segurança, construindo pontes de confiança entre os membros em seus relacionamentos diários.

Na composição de um conselho, devem-se considerar o conhecimento, a experiência e a capacidade de relacionar-se daqueles que vão compor o conselho, além de levar em conta também a faixa etária, o gênero etc. para que se obtenham bons resultados em razão da diversidade dos componentes do conselho e dos diferentes pontos de vista.

As pessoas que farão parte da empresa devem ter capacidade de agregar valor aos negócios na execução de sua função. Para isso, o primeiro passo é cooptar pessoas competentes e que queiram fazer parte da empresa e isso requer investimento. Para empresas de pequeno e médio porte, pode ser interessante, como primeiro passo, utilizar o relacionamento dos fundadores para atrair pessoas que sejam capazes e queiram dar sua contribuição. Alcançado esse objetivo, a empresa será bem-sucedida e terá condição de remunerar seus conselheiros.

É esse o ponto em que se encontram as empresas SL, isto é, no planejamento e na implantação de um conselho de administração. A posição ocupada por quem exerce função em cargo executivo é muito solitária. A implantação de conselhos abre espaço para conversas de caráter estratégico, cujo aproveitamento ajuda a definir, com mais segurança, os rumos da empresa. Compartilhando decisões e riscos e valorizando ideias de pessoas mais experientes e vividas, nas discussões que ocorrem no conselho, e pondo-as em execução fará os negócios se expandirem.

Há que se garantir também, em favor da família, a rentabilidade do negócio, requerendo-se da diretoria executiva o atendimento desse requisito nos resultados alcançados com os negócios e, além disso, refletir como se há de providenciar parte dos lucros para as próximas gerações. Pode haver divergência no concernente aos interesses da família e os da empresa. No seu pleito é possível que a família tenha sua atenção voltada para o curto prazo e a empresa tenha os olhos voltados para horizontes mais amplos. Cabe, então, ao conselho pesar os prós e os contras de uma e de outra parte e dirimir a questão com equilíbrio e com justiça.

Considerações finais

Nos negócios, faço parte da segunda geração e entendo que devemos pensar, desde já, nas próximas gerações. O fundador do qual dependiam os negócios falhou em algum ponto no processo de sucessão? Como eu posso me tornar dispensável para o negócio familiar e garantir remuneração para os que ocupam cargo no executivo e para a família? Ser da família e exercer uma função executiva é quase uma responsabilidade duplicada. É responsabilidade pelo negócio e pela remuneração que deve proporcionar à família. Não faz sentido a família ter capital investido em algo e não participar de dividendos.

O planejamento do processo sucessório em empresas familiares é crucial para garantir a continuidade e a estabilidade do negócio, especialmente porque essas organizações frequentemente enfrentam desafios emocionais e estruturais únicos. Esse processo requer diálogo aberto, respeito às diferentes opiniões e um esforço conjunto para equilibrar os interesses individuais e os da empresa. Quanto mais cedo a família iniciar esse planejamento, maior será a probabilidade de sucesso, pois isso permite a clarificação de papéis, a prevenção de conflitos, a preparação dos sucessores e a estruturação do processo.

Referências

BARON, J.; LACHENAUER, R. *Harvard business review*: family business handbook. Cambridge: HBR Press, 2021.

INSTITUTO BRASILEIRO DE GOVERNANÇA CORPORATIVA – IBGC. *Código de melhores práticas de governança corporativa*. 6. ed. São Paulo: IBGC, 2023.

TRANSFORMAR para construir confiança. Pesquisa global de empresas familiares 2023. *PwC*, [s.l.], 2023. Disponível em: https://www.pwc.com.br/pt/estudos/setores-atividade/empresas-familiares/2023/pesquisa-global-de-empresas-familiares-2023.html#:~:text=Sobre%20a%20Pesquisa%20de%20Empresas%20Familiares&text=Seu%20objetivo%20%C3%A9%20entender%20como,22%20de%20janeiro%20de%202023. Acesso em: 15 dez. 2024.

CAPÍTULO 17

Empresas familiares e seus desafios

Resultados x pessoas, famílias, afetos e desafetos

Quando falamos das empresas familiares no mundo empresarial, há um misto de tradição e valores; confiabilidade das pessoas e profissionalismo. Neste capítulo, vamos falar de algumas situações verídicas em que o conselho foi essencial para manter a gestão profissional, além de ter sido um ponto de apoio para inovação e crescimento sustentável da empresa.

Júlia Pugliese

JÚLIA PUGLIESE

É sócia na Júlia Pugliese Consultoria e Assessoria Ltda., com MBA em Finanças pelo Instituto Brasileiro de Mercado de Capitais (Ibmec), especializada em Gestão de Projetos pela Faculdade Getulio Vargas (FGV), pós-graduada em Controladoria pela FGV e em Contabilidade Avançada e Controladoria pela Universidade São Judas Tadeu (USJT) *lato sensu*. Conselheira fiscal certificada pelo Instituto Brasileiro de Governança Corporativa (IBGC) e conselheira administrativa certificada pela Board Academy no Programa de Formação de Conselheiros Consultivos (PFCC). Trabalha com controladoria, tributos e finanças há mais de 30 anos em empresas familiares e multinacionais de variados segmentos. Atua como consultora e assessora em pequenas empresas e start-ups na implantação de processos, planejamento estratégico, planejamento tributário e administração de caixa, além de fazer mentoria para executivos de empresas de diferentes portes e assessoria contábil tributária de processos tributários em escritórios jurídicos. É membro da Associação Comercial de São Paulo (ACSP), professora, facilitadora e conselheira.

Contatos: jp.romao@uol.com.br
LinkedIn: www.linkedin.com/in/juliapuglieseromao
Instagram: @pugliese.julia

Conselho refere-se a uma orientação, recomendação ou até sugestão a outro, com a intenção de mostrar algumas opções para o alcance de um objetivo ou meta mensurável ou não. A partir da Revolução Industrial, quando os negócios começaram a se expandir de forma significativa, tornou-se necessário um modelo de governança mais estruturado para garantir o controle e a sustentabilidade a longo prazo, e já não podia mais ser realizada apenas pelos fundadores ou pela administração executiva; surgiu a necessidade de conselhos de pessoas com capacidade de ouvir, aptas a resoluções de conflitos e com vasta experiência pessoal e profissional a ponto de compartilhar conselhos baseados em vivências reais. O conselho de administração nasceu desse novo modelo de governança e gestão e tornou-se uma ferramenta importante para minimizar conflitos entre os interesses dos fundadores, acionistas e a gestão executiva.

Hoje, as empresas que buscam conselheiras mulheres para seus conselhos de administração ganham expertise de governança estratégica, maior credibilidade e perspectivas valiosas para a gestão do negócio. As mulheres têm capacidade de compreender, muitas vezes, além das palavras, identificam sentimentos e necessidades subjacentes, têm habilidades de se colocar no lugar do outro, facilidade de mediar e encontrar soluções pacíficas, oferecem orientações construtivas, inspiram confiança e encorajam aqueles que procuram orientação, e suas orientações são valiosas em diversos contextos, como questões emocionais, profissionais e pessoais. Eu sou uma d"ELAS"...

Toda empresa nasce de uma ideia associada ao sonho de criar seu próprio negócio. Inclusive as multinacionais, um dia nasceram do sonho de uma pessoa. A grande diferença é que algumas seguem com administração familiar, gerindo sucessões de acionista, com governança corporativa no decorrer das gerações, e outras, à medida que crescem, buscam expandir seus negócios para mercados internacionais, tomam decisões estratégicas e súperam as barreiras culturais, financeiras e logísticas, tornando-se multinacionais e dominando o mercado no seu setor.

As empresas familiares foram alicerce na construção da minha carreira; privilégio meu, aprendi lições valiosas que vão além das técnicas de gestão tradicionais, uma combinação única entre desafios e oportunidades, uma interação entre aspectos profissionais e pessoais e uma forte identidade com famílias fundadoras.

Embora a minha formação seja um tanto pragmática, muito ligada a planejamentos, controles e análises de informações financeiras e operacionais, quando unimos pessoas, processos e tecnologia de forma eficiente, cria-se sinergia e interação que sempre resulta em maior produtividade, eficiência e sustentabilidade para as empresas; ganha-se soluções realistas, objetivas e atingíveis como base sólida para o crescimento e a competitividade organizacional. Isso supera todo pragmatismo para mim.

Nas empresas familiares que trabalhei as histórias eram muito parecidas: revisão do quadro de funcionários, necessidades de descrição de cargos e salários, processos a serem escritos, carência de controles financeiros e operacionais, necessidade de ferramenta corporativa, implantação de planejamento orçamentário e estratégico, apuração de custo, preço de vendas e margem de contribuição, plano de metas. Na maioria, eu fui contratada com o desafio de profissionalizar a empresa. Apaixonei-me por tudo isso e acabei especializando-me nas "dores do crescimento" de uma empresa, que mesmo sendo um sinal de sucesso, também trazem uma série de desafios e dificuldades. Conhecê-las e saber identificá-las é muito importante para atuação de uma conselheira, pois nos permite oferecer orientações assertivas na identificação de gargalos operacionais e na gestão de expectativas e realidades dos acionistas e da administração executiva.

Vejamos algumas delas:

1. **Gestão de fluxo de caixa**: quando a empresa cresce, a necessidade de capital de giro aumenta; investir em estoques, contratar pessoas e expandir operações podem gerar um caixa descompensado.
2. **Escalabilidade dos processos**: processos que funcionam bem para uma operação pequena podem se tornar ineficazes ou ineficientes à medida que a empresa avança no mercado.
3. **Desafios na contratação e gestão de talentos**: encontrar talentos certos e com habilidades específicas para empresas torna-se um desafio.
4. **Cultura organizacional**: a gestão centralizada na qual os fundadores ou líderes tomam todas as decisões fica insustentável, pois as decisões se tornam mais lentas e difíceis de gerenciar.
5. **Gestão de cliente e atendimento**: a pressão por maior produção e atendimentos a mais clientes pode levar a falhas de qualidade e insatisfação dos clientes.
6. **Adaptabilidade e inovação**: o que fez a empresa crescer inicialmente pode não ser suficiente para manter a competitividade no futuro. A necessidade de inovar, diversificar produtos ou serviços ou entrar em novos mercados são um grande desafio.
7. **Problemas de comunicação**: em equipes maiores, a troca de informações precisa ser estruturada e organizada para evitar falhas e mal-entendidos.
8. **Expansão de mercado e concorrência**: expandir para novos mercados, seja com novos produtos ou em novos territórios, traz riscos e desafios de concorrência.
9. **Falta de sistema de gestão adequado**: a falta de sistemas integrados pode resultar em falhas operacionais, perda de dados ou dificuldades em monitorar o desempenho e resultado da empresa de forma eficaz.
10. **Atenção ao relacionamento com investidores e stakeholders**: a empresa pode começar a atrair investidores, parceiros estratégicos e outros stakeholders. Gerenciar expectativas e manter esses relacionamentos sólidos é fundamental.
11. **Complexidade na governança**: envolve a criação de novos níveis de gestão, estruturas de decisão mais formais e processos mais modificados para garantir que uma empresa funcione.

12. **Regulamentações e conformidade**: o crescimento também traz o desafio de lidar com novas regulamentações e requisitos legais, especialmente se uma empresa está operando em diferentes mercados ou países.
13. **Concorrência e saturação do mercado**: a maior concorrência pode levar à diminuição das margens de lucro ou à pressão para inovar continuamente.

Entender essas dores na posição de conselheira foi fundamental para mim, pois com essa experiência pude oferecer orientações mais eficazes na antecipação de problemas para que não se tornassem críticos. Ajudou-me a orientar na preservação da cultura empresarial da empresa, sugerir ajustes conforme necessário e, ao mesmo tempo, promover a inovação, garantindo uma gestão eficiente e governança alinhada com as expectativas dos acionistas, maximizando o valor e a sustentabilidade sem comprometer os resultados ou a integridade de empresa no longo tempo em que fui conselheira naquela empresa.

Hoje, ser conselheira é um lugar de fala confortável e motivador para mim. Busco conhecimento, quero ter alternativas (todas possíveis) para oferecer aos acionistas, quero facilitar a resolução de disputas e desafetos, oferecer conselhos estratégicos, esclarecer questões sobre o resultado do negócio que, em algumas vezes, o próprio gestor que está apresentando o resultado não consegue fazê-lo, promover a comunicação para alcançar um objetivo, suavizar conflitos, reduzir tensões e criar ambientes harmoniosos ao final de uma reunião de conselho. Realiza-me e me dá uma sensação de missão cumprida no final do dia. Isso é muito bom.

Passando pelo processo

De cada família (empresa), recebi experiências e aprendizados que deram o formato à profissional que sou hoje.

Lembro-me da minha primeira posição gerencial em uma empresa que era reflexo do seu criador, um professor de química, pai de dois filhos, apaixonado por pessoas, que queria apenas ter material de conteúdo para seus alunos; tornou-se um dos únicos autores de química no Brasil. Depois de passar por processo sucessório, com seus filhos na administração, e sanar quase todas as dores do crescimento, decidiu vendê-la para a perpetuação e o crescimento da marca. Eu tive o privilégio de passar por toda a transição e a oportunidade de fazer a *due diligence* como executiva de controladoria. Hoje é uma multinacional reconhecida em toda Europa e América do Sul. Dessa empresa recebi o ensinamento que a empresa são as pessoas: esse professor fazia questão de investir 3% do seu faturamento bruto para a formação dos funcionários e esse foi um dos maiores valores mensurados na venda da empresa.

Os processos também são soberanos e fundamentais para garantir a eficiência, qualidade e consistência nas operações diárias das empresas; esse foi o desafio de um grupo de negócios que estava no mercado há mais de 30 (trinta) anos, cujo os gestores tinham quase o mesmo tempo na empresa, os processos estavam na cabeça das pessoas, funcionários e famílias que trabalhavam juntos. Havia resistência no registro de processos, na organização de tarefas, na inovação e implantação de ferramentas. O quadro de funcionários já não atendia e não estava aberto às mudanças, houve então a necessidade da contratação de novos gestores. E não se surpreendam, todas as dores do crescimento havia ali, por mais que a empresa tivesse muito tempo no mercado. Hoje é uma empresa muito bem-posicionada no ranking de vários dos seus negócios.

Nesse grupo, além de executiva de controladoria e finanças contratada para profissionalizar um dos negócios, tive também a minha primeira oportunidade de atuar como conselheira fiscal em outro negócio do grupo. Recebi o convite para ser conselheira fiscal em uma das empresas do Sul, em Curitiba. Ali tive jornada dupla, e como foi valiosa essa experiência. Enquanto escrevia, inovava processos e implantava ferramentas de gestão em um dos negócios, atuava no conselho de outro negócio, no qual as orientações vinham com mais facilidade, já que os gargalos operacionais, a gestão de recursos e o fluxo de caixa assemelhavam-se, os acionistas eram os mesmos; a única diferença era a gestão executiva, que se esforçavam para estar um passo à frente, mas claramente os desafios de gestão se repetiam.

E, quando pessoas e processos não são o suficiente para alavancar os negócios e a vaidade prejudica o resultado, é essencial corrigir o curso do rio; isso envolve fortalecer comunicação, implementar governança corporativa, aprimorar a cultura organizacional, promover alinhamento estratégico, descentralizar decisões, focar na sustentabilidade e resultados de longo prazo e contratar mentoria e consultoria externa. Passei por uma empresa cuja administração era totalmente familiar; e, mesmo a alta gestão fazendo toda lição de casa, os desafetos que aconteciam na mesa do jantar eram levados para a mesa de reuniões de conselho na empresa. Chegou o momento em que pegar o outro em uma tomada de decisão errada era mais importante do que obter o melhor resultado para a empresa. Por fim, a pressão de um dos sócios para a venda do negócio foi maior que o sonho do outro sócio de deixar um legado para netos e outras gerações; e mesmo havendo empatia entre donos e conselheiros e o reconhecimento do papel dos conselheiros, havia um dono não disposto a ouvir conselhos imparciais no manejo dos conflitos e a empresa acabou sendo vendida para um concorrente, minando qualquer tipo de vínculo ou nostalgia, já que a marca foi substituída pela do concorrente.

Nos dias de hoje...

Aprendi muito no mundo corporativo e continuo aprendendo. Depois de trabalhar um longo período em empresas familiares e ter vivido experiências marcantes, acredito que tenho alcançado os objetivos para esse percurso. Há algum tempo não me sento em cadeiras executivas, tracei metas pessoais e montei um plano de ação para a minha vida, entendi que ajudar e orientar as pequenas e médias empresas a se organizarem e chegarem com menos desconforto aos resultados é o fundamento para os meus próximos passos. Continuo trabalhando com as dores do crescimento de empresas, como start-up, pequenas e médias empresas; acrescentei a assessoria e consultoria às minhas atividades e hoje, ora como consultora, ora como facilitadora, somo aprendizados para me tornar uma conselheira mais habilidosa.

Meu objetivo está moldado em experiências que podem colaborar com o progresso econômico e social, de forma a influenciar o desempenho das próximas gerações.

Sou cristã, creio na trajetória de Cristo, sempre busquei os ensinamentos de Deus para a vida. Componho a membresia de uma igreja cuja missão é: amar (a Deus), servir (pessoas) e influenciar (o mundo). Exercitar essa missão todos os dias tem sido essencial nas minhas rotinas empresariais; o verdadeiro resultado obtemos quando, por trás dos números, existe algo relacional, que não se escreve; está no coração, na boa formação pessoal e técnica, mas também no caráter e na fé...

CAPÍTULO 18

Conexão

A necessidade da tomada de decisão baseada em dados

A conexão da área técnica e de engenharia nos conselhos de administração das empresas tem se tornado cada vez mais comum, dada a complexidade crescente dos processos produtivos e a necessidade de inovação constante. Este capítulo explora a importância do papel dos engenheiros nesses conselhos e como a tomada de decisão baseada em dados complementa e fortalece suas contribuições.

Juliana Farah

JULIANA FARAH

Há mais de 20 anos, atua com foco em manutenção e engenharia na indústria em segmentos como química, petroquímica, alimentícia, mineração, papel e celulose, em empresas como Vale, Braskem e Suzano. É especialista em confiabilidade com ênfase em confiabilidade humana e competências comportamentais, engenheira e técnica mecânica com certificações internacionais em segurança psicológica, saúde mental, felicidade e psicologia organizacional. Atua como docente em cursos de pós-graduações *lato sensu* em gestão de pessoas, confiabilidade e confiabilidade humana em universidades federais e privadas. Também como gerente na Vale em Confiabilidade Humana e CEO da EELa Engenharia Estratégia Liderança com mentoria, análise comportamental, treinamentos e consultoria, além de escritora, palestrante e criadora de conteúdo. Na Associação Brasileira de Manutenção e Gestão de Ativos (Abraman), é conselheira e membro voluntária dos comitês de gerenciamento de manutenção, técnico, executivo e feminino.

Contatos: eela.jufarah@gmail.com
LinkedIn: www.linkedin.com/in/juliana-farah
13 98145 3536

Começo conectando este capítulo ao voo em que estou neste momento, saindo de Belo Horizonte com destino a São Paulo, mas o que isso tem a ver com o tema proposto?

Quando voamos temos a informação de que a probabilidade de um avião cair é "tão pequena" que nos sentimos seguros a ponto de entregar nossa vida aos humanos que pilotam o avião, mas não paramos para avaliar que também há humanos que elaboram estratégias de engenharia para manutenções, instalações e operações; todo esse conjunto impacta na probabilidade de falha de um avião.

Um estudo realizado pela Universidade de Harvard aponta que um em cada 1,2 milhão de voos pode sofrer um acidente – com uma em 11 milhões de chances de ser fatal. Não vou discorrer sobre acidentes e confiabilidade[1] na aviação, porém essa introdução mostra a importante conexão da área técnica e de engenharia nos conselhos, uma vez que a abordagem passa a trazer dados para a tomada de decisão, direcionando recursos humanos e financeiros para ativos com base na engenharia de confiabilidade.

Se eu te informasse que 2 a cada 10 aviões podem sofrer alguma falha mecânica, você se sentiria seguro? E se eu te informasse que a probabilidade destes 2 aviões sofrerem alguma falha mecânica é de 0,0005%, você se sentiria mais ou menos seguro? Esses dados não são reais, mas servem para uma reflexão com relação ao tipo de dado que você recebe e o que faz com ele.

Já deve ter ouvido sobre o Pareto, ferramenta que foca nos problemas e nas causas, utiliza a proporção de 80/20, ou seja, 20% das causas principais são responsáveis por 80% dos problemas.

Inicialmente esse dado pode parecer atrativo, mas funciona tecnicamente até a primeira fase de observação do problema, na captação de onde ele está, mas não permite que analisemos a probabilidade de ocorrência e nem quando essa probabilidade é maior. Para esse tipo de dados temos a

1 Confiabilidade: probabilidade de um componente, máquina, equipamento ou sistema desempenhar sua função conforme o projeto e condições de operação, durante um determinado período. Essa definição é estabelecida pela NBR-5462 da Associação Brasileira de Normas Técnicas (ABNT).

engenharia de confiabilidade, que usa de ferramentas para direcionar a tomada de decisão baseada em dados, sendo possível estimar a probabilidade de ocorrência em tempos diferentes para a análise adequada do plano de ação. Os questionamentos e o rumo das empresas precisam estar conectados com a área técnica, que avalia, cuida e analisa os equipamentos responsáveis pela produção, visando a segurança, produtividade e qualidade.

Em 25 de janeiro de 2024, a diretoria da Agência Nacional de Petróleo (ANP) aprovou a divulgação da Nota Técnica n. 10, relacionada à segurança operacional no setor de petróleo e gás natural, com foco em engenharia de fatores humanos, que usa ferramentas qualiquantitativas para estimar a probabilidade de falhas humanas em atividades críticas. Tão logo obtivermos a confiabilidade humana dessas atividades, serão direcionados controles, de modo a reduzir falhas humanas onde os impactos não possam ser controlados.

A confiabilidade humana é definida como a probabilidade de que não haja falha humana na execução de uma tarefa requerida em um determinado período, sob condições apropriadas e com recursos disponíveis, aumentando assim o potencial humano na execução das tarefas, com objetivo de redução do erro humano e do aumento da capacidade considerando três fatores.

1. **Design do local de trabalho**: ergonomia, ambiente, ferramentas, controles.
2. **Documentação**: processos, procedimentos.
3. **Pessoas**: comportamento, habilidade, nível de formação, qualificação e experiência.

Os sistemas têm de ser tolerantes com a variabilidade humana natural e permitir que as pessoas se recuperem de falhas previsíveis sem consequências adversas. Aplicam-se assim inovações, tecnologias e controles para apoiar essa tolerância.

Com o surgimento da Indústria 4.0 em meados de 2010, a aplicação de tecnologias, como Inteligência Artificial, Big Data, Internet das Coisas, objetivava a minimização do envolvimento do humano nos processos, enquanto a Indústria 5.0, fase iniciada no Japão em 2017, que tem seu foco na integração e na colaboração entre humanos e máquinas com sustentabilidade.

É preciso inserir o ser humano nos processos de forma segura, estratégica e inteligente, elevando a capacidade e reduzindo erros. Faz-se com que a produção respeite os limites do nosso planeta e coloca-se o bem-estar dos trabalhadores da indústria no centro do processo de produção.

Figura 1. A conexão da indústria 5.0 com a 4.0

A indústria 5.0 complementa a indústria 4.0

Fonte: adaptação de Starsoft, 2023.

O papel da área técnica e de engenharia nos conselhos de administração das empresas é fundamental para garantir que as decisões estratégicas e operacionais sejam tomadas com base em conhecimentos técnicos sólidos e práticas de gestão eficazes. É necessário dar relevância e importância à engenharia de confiabilidade para a geração de estudos que trarão os dados para a tomada de decisão.

Alguns pontos importantes sobre esse papel são:

- **Fiscalização e controle**: monitorar e avaliar as atividades técnicas da empresa, garantindo que os projetos e as operações estejam alinhados com os padrões de qualidade e segurança.
- **Orientação estratégica**: contribuir com suas habilidades técnicas para a definição de estratégias que promovam inovação e eficiência, ajudando a empresa a se manter competitiva no mercado.
- **Gestão de riscos**: identificar e mitigar riscos técnicos e operacionais.
- **Desenvolvimento de políticas**: elaborar e implementar políticas e procedimentos que promovam a sustentabilidade e a responsabilidade.
- **Aprimoramento de processos**: aprimorar processos e práticas, buscando sempre a melhoria contínua e a otimização dos recursos.
- **Integração de conhecimentos**: combinar conhecimentos técnicos e analíticos fortalecendo a tomada de decisões.

A área técnica atrelada à fiscalização, orientação estratégica, gestão de riscos e desenvolvimento de políticas sustentáveis garante que as empresas operem de maneira eficiente e segura. Sua ausência nos conselhos pode levar a uma série de impactos negativos para as empresas, incluindo:

- **Deficiência técnica**: a perspectiva técnica é essencial para a tomada de decisões informadas sobre projetos, operações e inovação. Sem essa visão, as empresas podem tomar decisões menos eficazes ou até errôneas em relação à implementação e gestão de tecnologias.

- **Gestão de riscos**: identificar, avaliar e mitigar riscos técnicos e operacionais. A falta dessa expertise pode aumentar a vulnerabilidade a falhas técnicas e acidentes.
- **Inovação e competitividade**: promover a inovação contínua, ajudando a empresa a se manter competitiva. Sem essa contribuição, a empresa pode ficar atrás da concorrência em termos de desenvolvimento tecnológico e eficiência operacional.
- **Eficiência operacional**: otimizar processos e recursos, melhorando a eficiência operacional. Sem essa contribuição, a empresa pode enfrentar desperdício de recursos e operações menos eficientes.
- **Sustentabilidade e responsabilidade social**: liderar iniciativas de sustentabilidade e desenvolvimento de políticas ambientais. A ausência pode resultar em uma falta de foco nessas áreas, prejudicando a reputação e a responsabilidade social da empresa.
- **Confiabilidade humana e segurança**: sustentar a segurança e confiabilidade das operações, considerando tanto fatores técnicos quanto humanos. Sem essa expertise, a empresa pode enfrentar maiores riscos de falhas e acidentes.

Garantir a presença de profissionais das operações, com visão técnica e de engenharia, pode fortalecer a tomada de decisões, a inovação e a eficiência, contribuindo para o sucesso e a sustentabilidade da empresa.

Como engenheira atuando em manutenção e confiabilidade, iniciei minha jornada em 2003 como estagiária técnica em mecânica. Cada passo foi fundamental para a construção do conhecimento tácito, que hoje compartilho em sala de aula, mentorias, publicações, palestras e livros. Isso fortalece a troca e o contínuo aprendizado que favorece na participação dos conselhos. Tenho como propósito de vida "Compartilhar conhecimento e inspirar pessoas" e desde 2020 com a EELa, minha empresa de Engenharia | Estratégia | Liderança, que tem como principal projeto a comunidade #EELaParaELAS com mais de 600 mulheres do mundo industrial, tenho conseguido viver isso todos os dias.

Através da comunidade e com uma presença ativa no LinkedIn, meu posicionamento no mundo da manutenção e gestão de ativos ganhou ainda mais notoriedade e o engajamento orgânico me permitiu aumentar meu network, com muitos convites para palestras in Compay, on-line e treinamento de lideranças de grandes empresas, bem como centenas de mentorias para públicos da indústrias, de estagiários a diretores, e não só para mulheres.

Foi então em 2022 que fui convidada a compor a chapa para um processo eleitoral do Conselho Deliberativo da Associação Brasileira de Manutenção e Gestão de Ativos (Abraman), no qual tenho uma atuação expressiva e tem me ajudado a evoluir no mundo dos conselhos.

Para um profissional da área técnica se tornar um conselheiro, ele deve seguir um caminho que combine educação, experiência profissional e desenvolvimento de habilidades específicas.

Cito alguns pontos que te ajudarão a entrar nesse universo e, caso já faça parte, espero que contribua para que você se mantenha ainda mais inspirada:

- **Educação e formação**: graduação em engenharia ou áreas correlatas e pós-graduação, MBA ou outras especializações em áreas como gestão, finanças ou governança corporativa.
- **Experiência profissional**:
  Carreira: acumular anos de experiência trabalhando em posições de engenharia e áreas técnicas, especialmente em níveis de liderança ou gestão. No meu caso tive a oportunidade de ser gestora de times que variaram entre 7 e 600 pessoas em contratos de rotina de manutenção e chegando a 1000 pessoas, em contratos de paradas de manutenção de empresas petroquímicas e fertilizantes.
  Experiência: buscar experiências em diferentes setores ou funções para ampliar o conhecimento e a visão estratégica. Ter experienciado diversos segmentos me proporcionou uma bagagem técnica e de gestão que considera culturas, locais e processos diferentes.
- **Desenvolvimento de habilidades**:
  Gestão: desenvolver habilidades em gestão de projetos, liderança de equipes e tomada de decisão estratégica.
  Financeiro: adquirir conhecimentos em finanças corporativas, contabilidade e análise financeira.
  Governança corporativa: entender os princípios de governança corporativa, ética e conformidade.
- **Certificações e associações**: obter certificações relevantes, em instituições reconhecidas e participar de associações para networking e desenvolvimento profissional contínuo.
- **Networking e visibilidade**:
  Redes de contatos: construir uma rede de contatos profissionais, participando de eventos, congressos, conferências, workshops e podcast. Gosto de enfatizar que a agenda é sempre algo bem complexo, mas

recomendo que avalie todos os convites que receber e monte uma estratégia para atender e estar naqueles que estejam alinhados ao seu objetivo. Tive oportunidades participando de lives e podcasts inclusive fora do Brasil, o que me encorajou a continuar nesta jornada.
Publicações e palestras: publicar artigos, dar palestras e participar de debates, esse foi um dos pontos que contribuíram para meu posicionamento como conselheira. Desde 2010, participo ativamente em congressos de engenharia, manutenção e gestão de ativos, com apresentações de trabalhos práticos e com publicações de artigos.
Ter uma rede social ativa, com publicações que contenham conteúdo de interesse da sua rede de contatos e com o que deseja atuar. Eu uso o LinkedIn e o crescimento orgânico gera engajamento e posicionamento mediante aos temas que tenho atuado, como manutenção, confiabilidade, confiabilidade humana e segurança psicológica. Isso me permitiu ser coautora em três livros, com capítulos sobre métodos de análise e soluções de problemas complexos e minha história como inspiração para as mulheres.

- **Experiência em conselhos**:
  Início em pequenas empresas ou associações: buscar oportunidades de conselheiro para ganhar experiência. Iniciei integrando o conselho deliberativo da Abraman, de modo a contribuir com a visão de mercado e alinhamentos estratégicos para a evolução dos interesses para com a sociedade e empresas associadas.
  Candidatura a conselhos maiores: usar a experiência para se candidatar a posições em conselhos de grandes empresas.

Como conselheira posso ainda citar alguns benefícios específicos dessa experiência, mesmo sabendo o quanto exige dedicação e desenvolvimento contínuo. Profissionais da área técnica com visão estratégica e habilidades de liderança podem trazer contribuições valiosas aos conselhos, como:

- **Reputação, credibilidade e networking**: oportunidades valiosas com profissionais experientes e líderes do setor.
- **Desenvolvimento de habilidades**: habilidades em governança corporativa, tomada de decisão e gestão de riscos.
- **Visibilidade**: chamar a atenção de recrutadores e empresas em busca de conselheiros qualificados.

Desejo que a sua jornada seja leve e divertida, mas, para que tudo isso seja uma realidade, é necessário começar, então deixo uma frase de minha autoria que levo para vida:

Pensamento sem ação é só uma intenção!

Referência

INDÚSTRIA 5.0: a era da inovação a favor do ser humano. *Starsoft*, 5 set. 2023. Disponível em: https://starsoft.com.br/blog/industria-5-0-a-era-da-inovacao-a-favor-do-ser-humano/. Acesso em: 20 dez. 2024.

CAPÍTULO 19

Criatividade e inovação nos conselhos

A criatividade é o comportamento que cultivamos e a inovação, um caminho que construímos. No contexto dos conselhos, essa dualidade se torna essencial para impulsionar mudanças significativas e duradouras. Este capítulo aborda a importância de integrar a criatividade nos processos decisórios e busca inspirar líderes a valorizarem a inovação como um pilar central em suas estratégias.

Fernanda Costa de Oliveira

FERNANDA COSTA DE OLIVEIRA

Atua como consultora estratégica, especialista em inovação e crescimento de negócios e conselheira empresarial. Com trajetória dedicada ao desenvolvimento de métodos exclusivos para promover a inovação e a rentabilidade de empresas, ela combina sua expertise em neurociência e o avanço dos estudos sobre a mentalidade de crescimento para capacitar gestores a alcançar novos patamares de liderança e resultados. Como mãe e esposa, equilibra sua vida pessoal, trazendo resiliência e uma perspectiva humana para os projetos que realiza. É conselheira empresarial certificada pela Federação das Indústrias do Estado de Minas Gerais (FIEMG) e possui formação diversificada, que inclui especializações em Gestão de Negócios pela Fundação Dom Cabral, MBA em Marketing e graduação em Pedagogia pela Universidade do Estado de Minas Gerais (UEMG). Autora biográfica, escreveu a história de um empresário representativo na indústria de Minas Gerais que alcançou a prosperidade e construiu um legado longevo e inspirador. Comprometida em orientar e inspirar profissionais a descobrirem seu potencial máximo, aplica programas de liderança inovadora, estratégias focadas nas perspectivas dos negócios e busca promover uma jornada de inovação para a gestão empresarial.

Contatos: www.fernandacostaconsultoria.com
contato@fernandacostaconsultoria.com
LinkedIn: www.linkedin.com/in/fernandacostaconsultoria
Linktree: linktr.ee/fernandacostaconsultoria
31 98233 4354

Quebrando o script: a rota criativa em cena

As realidades presentes no mundo acelerado em que vivemos mudam a todo instante. A transformação digital e as mudanças constantes no mercado sugerem rápida integração de tecnologias avançadas e processos inteligentes. Essa fusão de tecnologias físicas, digitais e biológicas sugere, por muitos anos à frente, ambientes de produção mais inteligentes, flexíveis e eficientes. E tal percepção contextual traz muitas perspectivas positivas, mas também dúvidas que precisamos dialogar sobre elas.

Imagine-se em uma sala de conselho, onde o tempo parece sempre correr mais rápido do que o relógio. As decisões precisam ser ágeis, as estratégias mais assertivas e o olhar, sempre atento às oportunidades que se revelam a cada movimento do mercado. O papel de aconselhar traz a oportunidade de contribuir de forma ativa com as técnicas que dominamos e com as nossas experiências práticas para construir processos de tomada de decisões mais qualificados, produtivos e geradores de resultados.

Lembro-me de uma experiência significativa em estratégia e inovação, na qual conquistei em seis meses um aumento exponencial no índice de rentabilidade da empresa. A empresa, familiar de pequeno porte, vinha apresentando índices desfavoráveis em rentabilidade. Além disso, a credibilidade de clientes e stakeholders também apresentava sinais de queda e o crescimento havia estagnado. Foi nesse cenário volátil e cheio de dúvidas que precisei criar soluções consistentes para mudar os resultados.

O ponto de partida do plano de ações de estratégia e inovação dentro do conselho foi a meta de atuar diretamente no funil de vendas da empresa, na qualificação de *leads* e na humanização da comunicação. Assim, desenvolvemos um plano de ações simples, porém focado na prática e na produtividade do executivo. A recomendação de maior prioridade foi destacada como pilar do projeto: otimizar as estratégias eficazes e eliminar as ineficazes que estivessem em prática dentro da empresa. A avaliação da primeira fase revelou-se bastante significativa, destacando um ponto crítico: os relatórios de análise de desempenho e diagnóstico de perda de clientes apontaram queda considerável. A empresa utilizava estratégias inadequadas para crescer e sustentar suas operações *omnichannel*. Além disso, as propostas e os modelos de negócios em vigor estavam desalinhados com as tendências do mercado, o que resultava em perda substancial de reputação. Isso enfraquecia a credibilidade da empresa, tornando-a mais vulnerável à concorrência.

Além da queda significativa na reputação da empresa, outro ponto crítico que se destacou foi a constatação de que a criação de produtos e serviços baseados na experiência dos clientes não agregou valor ao gráfico de inovação. Essa falta de alinhamento com as necessidades do mercado reforçou a urgência de mudanças. Na fase seguinte, após análise dos indicadores da primeira etapa, o plano de ações foi reformulado para se tornar mais prático. A partir daquele momento, a meta da organização passou a ser trabalhar em formato exponencial. Os executivos foram orientados a implementar estratégias que impactassem positivamente a satisfação dos clientes, a estimular a inovação dentro da empresa e a desenvolver novos modelos de negócios fundamentados nas experiências dos consumidores. Além disso, o foco passou a ser promover soluções que levassem em consideração os fatores que influenciam o comportamento dos clientes atuais, criando ofertas de mercado mais humanizadas que realmente fizessem sentido na vida das pessoas.

Essa experiência evidenciou que o diagnóstico sistêmico, o planejamento estratégico, a visão de cenários a curto, médio e longo prazo e a monitoria de indicadores são pilares fundamentais no plano de ações de um conselho que busca inovação. Por isso, vejo a cada dia o quanto é essencial criar uma atmosfera que transcenda modelos rígidos e práticas ultrapassadas, permitindo o surgimento de um novo formato de trabalho pautado na evolução contínua. Assim, as metas se tornam oportunidades para compensar, reinventar e descobrir novas formas de liderança, promovendo um ambiente mais dinâmico e adaptável às demandas do mercado.

Da intenção ao impacto real

No papel de orientação, é comum questionar se as decisões, mesmo tomadas com as melhores intenções, realmente promovem o impacto desejado. Um bom ponto de partida para tornar os processos mais inovadores é ouvir atentamente o que as pessoas têm a dizer. Isso significa avaliar continuamente se estamos abertos(as) a diferentes perspectivas, ou se estamos apenas operando no modo de controle.

Pense no ato de ouvir além das palavras ditas; é entender quais visões realmente estão alinhadas com as metas do conselho e quais precisam de ajustes, reformulando a comunicação para torná-la mais eficiente. Em empresas familiares, uma estratégia eficaz é estabelecer vínculo de confiança. Sem a confiança das partes interessadas, a produtividade pode ser impactada por falta de interpretações. Em organizações familiares, procuro logo no início do planejamento estratégico compreender em qual momento a empresa está: se está passando pelo processo de sucessão, por exemplo, ou se o fundador ainda é figura atuante na tomada de decisões da empresa. Isso porque, quando estabelecemos um método de diálogo com as lideranças, é possível compreender os anseios e as metas que consideram mais significativas. E será exatamente a forma de dialogar que fará a diferença na hora de aconselhar, direcionar as ações e obter, assim, a produtividade que planejamos.

Dentro da estrutura corporativa familiar nem todos os papéis apresentam-se claros logo no início das atividades de aconselhamento. Por isso, até conquistar a liberalidade para criar times inovadores, é indispensável compreender a estrutura da hierarquia das lideranças. É inteligente construir vínculo de confiança, ouvir as partes interessadas, compreender o nível de autoridade das lideranças, checar o grau de interesse de mudança da hierarquia que decide dentro da empresa e, a partir de todos esses fatores, traçar estratégias que estejam coerentes com os interesses da companhia. Após o diálogo ativo, é fundamental traçar um plano de ações que esteja alinhado ao propósito da empresa, executar e testar ações, ajustar o que for necessário com base nos resultados obtidos e medir o impacto de cada ação inovadora. Esse ciclo contínuo de escuta, planejamento, execução, teste, ajuste e medição é essencial para alinhar as estratégias às realidades do mercado. Tenho observado que o sucesso na implantação de tecnologias inovadoras ou no lançamento de novos produtos, por exemplo, tem o seu início em um ambiente de diálogo aberto e honesto. Quando damos espaço para diferentes perspectivas, as chances de criar algo realmente impactante aumentam de maneira significativa.

A conselheira é, em essência, uma estrategista do fluxo – alguém que entende a importância de movimento contínuo, livre das amarras de estruturas ultrapassadas. O papel dela é definido pela capacidade de adaptar-se ao mercado, de contribuir para a criação de estruturas ágeis e de fomentar soluções que tornem a organização mais dinâmica.

Criatividade: o combustível da mudança

Quando penso em criatividade, vejo-a como habilidade que se desenvolve com o tempo, talento em constante crescimento, semelhante a um músculo que precisa ser exercitado diariamente, em vez de habilidade fixa e estática. A criatividade é parte integrante do processo de inovação e não deve ser vista como algo separado, como muitos ainda acreditam. Ela não se resume a seguir um roteiro previsível ou aplicar fórmulas convencionais; é construída por meio de erros e acertos, tentativas ousadas e ajustes cuidadosos. É fundamental interpretar os erros – ou testes, terminologia de minha preferência – como indicadores valiosos de evolução. Eles podem nos ensinar, refinar nossa trajetória e abrir novos caminhos, acelerando a busca pela criatividade de maneira mais tangível e consciente.

A diversidade de temas e estilos estimula o cérebro a pensar fora dos padrões comuns, ativa a imaginação, inspira pensamentos criativos e proporciona escape intelectual que traz novas ideias e perspectivas. Imagine Michelangelo, por exemplo, ao esculpir *Pietà* em único bloco de mármore de Carrara. Fico imaginando que, naquela época, ao começar a sua obra de arte, talvez ele não estivesse visualizando apenas a pedra, mas sim sua forma latente esperando ser revelada. Assim como Michelangelo transformou o mármore em arte, a conselheira pode transformar ideias e recursos em soluções estratégicas e processos inovadores, contribuindo de maneira significativa para o crescimento e a longevidade da empresa.

Trabalhar com criatividade é saber olhar para o que parece caótico e encontrar soluções viáveis em meio a desafios complexos. Gosto de pensar na complexidade como uma aliada. Em ambientes dinâmicos e cheios de desafios, é preciso acolher essa complexidade e integrá-la ao planejamento, em vez de fugir dela. Esteja aberta a transformar insights e inspirações em planos de ação que realmente criem valor, em vez de apenas cumprir metas condicionais. Prepare-se para unir conhecimentos e cultivar um ambiente onde a inovação deixe de ser raridade e se torne prática natural e constante.

Inovação em movimento: a mentalidade adaptável

A evolução dos paradigmas econômicos contemporâneos é um ponto central que requer a atenção da conselheira, especialmente diante do crescimento de novos modelos de negócios e a nova economia, ou novo modelo econômico. As interações humanas com o mercado, as dinâmicas de consumo e até as fontes de renda estão passando por transformações profundas, influenciadas por fatores sociais, como o impacto ambiental e a saúde física e mental das pessoas. No centro dessa mudança, temas como produtos sustentáveis, bem-estar integral e respeito ao meio ambiente se destacam, desafiando o modelo econômico tradicional. A economia colaborativa se mostra como alternativa relevante, atendendo às demandas atuais e promovendo um estilo de vida mais simples, real e focado em experiências significativas. O consumo consciente e o propósito maior, portanto, começam a definir novo paradigma econômico e social, mais alinhado às necessidades humanas e à preservação do planeta.

O processo de inovação se inicia pela decisão da profissional atenta aos cenários dinâmicos e pela capacidade de escolher modelos mentais flexíveis que favoreçam a convivência com incertezas inerentes ao mundo atual. Inovar, portanto, vai além de criar algo novo – é cultivar hábitos de mudança contínua, em que a transformação é constante e a atenção às novas interações do mercado torna-se essencial para promover o crescimento sustentável. A inovação real alinha pessoas, processos e propósito em um ciclo contínuo de aprendizagem e evolução e surge da capacidade de ajustar a rota conforme emergem novas informações, dados e realidades. Para a conselheira, isso significa atuar como radar estratégico, identificando tendências emergentes e adaptando-se rapidamente aos cenários em ascensão.

É natural sentir-se perdido(a) às vezes, mas é exatamente diante dos momentos de dúvidas e ambiguidades que a estratégia eficaz aliada à persistência se torna uma espécie de mapa, um guia que ilumina o caminho em direção ao propósito e à inovação. Em minhas experiências, tanto em conselhos consultivos quanto em consultorias de estratégia, percebo claramente a diferença dos resultados de uma pessoa que age com determinação, mesmo diante dos desafios, em relação a profissionais que não adotam o comportamento perseverante. Gosto de lembrar de uma frase de Angela Duckworth mencionada em sua pesquisa sobre garra: "o entusiasmo é comum, a resistência é rara". Essa contribuição nos propõe a refletir, ressignificar comportamentos e acreditar que a força capaz de impulsionar as pessoas a alcançarem resultados extraordinários vem da determinação apaixonada que atravessa desafios. Para a conselheira inovadora e diligente é recomendável, então, saber interpretar cenários, focar em impacto real em vez de promessas grandiosas, adaptar-se à realidade sem perder o sentido da jornada, mitigar riscos e estar disposta a mudar de direção sempre que for necessário.

De estratégia a legado: que tal construir o amanhã hoje?

Criar o futuro começa por cultivar um legado de impacto real, que inspire outras pessoas a também transformarem suas próprias jornadas e deixarem marcas que perdurem. Por isso, para navegar em ambientes de transformação e obter, na prática, resultados satisfatórios, acredite na combinação de união intencional com ação consistente. Procure romper barreiras e adotar mentalidade de crescimento constante. Busque compreender o erro como um ponto de ajuste e a curiosidade, o principal motor do desenvolvimento. Construa ambientes de trabalho que favoreçam a disruptividade e, ao mesmo tempo, valorizem a colaboração. Fomente a cocriação e promova a inovação por meio de colaboração e participação ativa das partes interessadas. E, por fim, desenvolva urgência criativa e reconheça que a inovação requer tanto velocidade quanto consistência para se tornar prática sustentável dentro da organização. Seja a força que conecta, a voz que encoraja e a presença que transforma. Porque a sua visão, aliada à resiliência e à paixão, poderá transformar o conselho e pavimentar um futuro mais audacioso e inspirador.

Referências

DUCKWORTH, A. *Garra*: o poder da paixão e da perseverança. 1. ed. Rio de Janeiro: Intrínseca, 2016.

GUERRA, S. *A caixa preta da governança*: conselhos de administração por quem vive dentro deles. 4. ed. Rio de Janeiro: BestBusiness, 2021.

SILVA, J. P. *Análise financeira das empresas*. 13. ed. São Paulo: Cengage Learning, 2019.

CAPÍTULO 20

A importância do autoconhecimento na jornada de uma conselheira

Se não formos capazes de identificar e enfrentar nossos próprios conflitos internos, como seremos capazes de ajudar o outro de forma legítima e consciente? É com essa reflexão que compartilho aqui minha jornada em como ao me preparar para a carreira de conselheira foi também um passo importante para me aprofundar no meu autoconhecimento.

Patricia Sayuri Y. Matsumoto

PATRICIA SAYURI Y. MATSUMOTO

Com uma carreira dedicada a estratégia, governança e impacto socioambiental, é conselheira consultiva certificada pela Board Academy e facilitadora em avaliação de impacto social pela Umanitar Academy. Formada em Engenharia de Produção pela Universidade Federal de São Carlos (UFSCar), com especialização em Gestão de Projetos pelo Insper, atuou em setores diversos como consultoria, agronegócio, varejo e terceiro setor, desenvolvendo soluções que integram eficiência e sustentabilidade. Além disso, como mentora de programas como InovAtiva, Empreendedoras Tech e Alumna, contribui para o fortalecimento de start-ups de impacto e o desenvolvimento de lideranças femininas. Seja como conselheira, consultora ou mentora, seu trabalho foca em desenvolver líderes conscientes capazes de transformar organizações por meio de práticas sustentáveis e decisões estratégicas que gerem impacto positivo no mundo, fomentando um ambiente mais seguro e colaborativo para os negócios.

Contatos: pat_matsumoto@yahoo.com.br
LinkedIn: www.linkedin.com/in/patriciamatsumoto

Eu já fui dessas que achava que terapia era para quem estava louca e que não aguentava trabalhar sob pressão, afinal estar estressada e exausta fazia parte do trabalho.

Eu já fui dessas que não ousava demonstrar meus sentimentos no trabalho; que absurdo parecer uma pessoa fraca diante dos outros.

Eu já fui dessas que achava que cultura e valores organizacionais eram balela, afinal o que importava eram os resultados e as metas.

Eu, oriental, engenheira formada em faculdade pública, estagiária e *trainee* em grandes empresas, consultora e executiva, seguindo todo o padrão esperado, de repente me vi falhando. Começava a chorar com qualquer feedback negativo. Levava tudo que me falavam para o lado pessoal. Comecei a duvidar da qualidade do meu trabalho. Comecei a me sentir insegura com minhas entregas, o que me fazia trabalhar muito mais, revisando e ajustando para que tudo saísse perfeito; e, mesmo com tanto esforço, ainda assim pratinhos caíam e eu me sentia cada vez mais exausta.

Foi assim que descobri que eu não era uma máquina e que precisava de ajuda.

Você deve estar se perguntando: mas isso não é um livro para falar sobre o conselho, o que uma crise pessoal tem a ver com isso? Como isso poderia me ajudar? Se me perguntassem isso há alguns anos, eu também não saberia responder, mas hoje, olhando para trás, compreendo uma frase de Nietzsche que diz: "É preciso ter o caos dentro de si para gerar uma estrela dançante".

Enfrentando o caos: uma redescoberta

Precisei estar em completo caos para repensar minha trajetória e passar a encarar a incerteza de frente. Foi exatamente durante uma fase de confusão em minha carreira que, ironicamente, surgiu a clareza sobre o caminho que parecia mais distante e improvável: a carreira de conselheira. Sabe aquela frase famosa de *Alice no País das Maravilhas*: "Se não sabe onde quer chegar, qualquer caminho serve"? Sinto que eu ressignifiquei ela para: "Se não sabe onde quer chegar, qualquer caminho serve... inclusive o mais impossível".

Ainda que a escolha parecesse distante por conta da minha idade e experiência, algo em mim insistia que eu seguisse adiante. Participando de reuniões de comitês e conselhos, eu sempre refletia sobre a importância das decisões tomadas ali e como impactavam muitas vidas. Essa consciência já fazia parte dos meus planos, mas apenas para um futuro distante. No entanto, em meio a essa busca por significado, me fiz uma pergunta crucial: por que não agora?

O primeiro passo importante que dei nesse caminho foi iniciar um curso sobre conselho consultivo. Esse movimento foi um divisor de águas para mim não pelo conteúdo em si, mas principalmente por me validar que era um caminho possível. E dessa maneira me senti segura em passar a sinalizar e apresentar para o mercado essa minha intenção e competência.

Apesar de ter sido um passo fundamental para essa evolução na minha carreira, quando comecei a frequentar os ambientes de conselheiras e conselheiros, me sentia uma fraude, como se não merecesse estar ali. Essa insegurança desencadeava comportamentos que contrastavam com minha personalidade: ficava mais reclusa e envergonhada, me atrapalhava ao tentar me apresentar, especialmente quando perguntavam se eu já atuava em conselhos – afinal, ainda não participava de nenhum. Eu, que sempre fui uma pessoa extrovertida e que gostava de estar rodeada por outras, me via contando os minutos para ir embora daquele local.

Em conversas com pessoas do mercado, era comum ouvir que cerca de 80% das posições em conselhos surgiam por indicação, o que deixava clara a importância de construir boas conexões e fortalecer o networking. No entanto, eu me via em uma contradição: sabia que precisava expandir minha rede, mas sentia-me incapaz de criar novas relações naquele contexto.

Como já estava em um processo de autoconhecimento por meio de terapia e mentoria, comecei a explorar esse desconforto e a buscar formas de superar o sentimento de impostora. Apesar de saber que atuar como conselheira estava alinhado com meu propósito, havia uma voz interna que insistia em dizer que isso era mais uma aspiração do que uma capacidade real. Nesse mergulho interno, percebi que essa jornada exigia um tempo de amadurecimento e que, muitas vezes, esse tempo não correspondia ao que eu esperava ou planejava. Afinal, ocupar uma posição de conselheira requer confiança, e relações de confiança não se constroem do dia para a noite.

Foi então que me dei conta que um dos aspectos mais importantes dessa jornada era a qualidade das minhas relações e a forma como eu me comunicava. Desde então, tenho me empenhado em desenvolver e manter conexões significativas.

Networking: construindo conexões com intencionalidade

Em um mundo impulsionado pela Inteligência Artificial, a capacidade de estabelecer e nutrir relações ainda é uma habilidade que nos diferencia das máquinas. E tão importante quanto criar novas conexões, precisamos estar atentos também em manter e valorizar aquelas que já temos. Esse aprendizado tem sido valioso tanto no âmbito profissional quanto pessoal. Com frequência, faço questão de me encontrar com familiares e amigos próximos, um hábito que ajuda a manter a qualidade dos meus relacionamentos e a identificar quando me afasto sem perceber.

Aprender a identificar esses períodos de ausência e afastamento foi mais um aprendizado que tive quando falamos na manutenção do nosso networking. Precisamos ser intencionais e sair do piloto automático. Ser intencional não é o mesmo que ser interesseira; ao contrário, é ter a sabedoria de investir em relações que gerem valor mútuo.

Existe uma frase conhecida que diz: "Você é a média das cinco pessoas com quem mais convive". Embora eu não ache que nosso comportamento seja uma simples equação matemática, acredito que essa ideia contenha uma verdade: somos, sim, influenciados pelo meio em que vivemos e pelas pessoas com quem nos relacionamos. Portanto, estar cercado de pessoas que nos incentivam e nos desafiam a crescer faz uma enorme diferença em como agimos e nos sentimos. Por isso, tenho me esforçado em escolher intencionalmente as pessoas com quem quero estar próxima – tanto para aprender quanto para compartilhar minhas experiências.

Nesse processo de aprender a construir e manter relacionamentos, também compreendi que a clareza na comunicação é essencial. Por mais que algo pareça claro, verbalizar pensamentos e expectativas cria um espaço de confiança e transparência. No contexto do conselho, isso se traduz em decisões mais conscientes e colaborações mais eficazes. Nunca devemos deixar o dito pelo não dito. Interações claras criam confiança, tornando as conexões mais fluídas e autênticas. Essa prática de "dizer o óbvio" tem me ajudado a tornar as relações mais significativas e duradouras, tanto no ambiente profissional quanto no pessoal.

O que antes parecia óbvio agora é uma prática constante: dizer o que precisa ser dito, ouvir com atenção e manter uma presença genuína. Essa combinação tem me ajudado a construir uma carreira e uma vida em que as conexões são mais do que simples interações – são alicerces de confiança e crescimento.

Autoconhecimento: navegando entre a clareza e confusão

Ao longo da minha jornada de autoconhecimento e desenvolvimento para me tornar uma conselheira, participei de inúmeras sessões de terapia, mentoria e coaching, além de workshops e palestras. Todos esses processos foram fundamentais para meu crescimento, mas nenhum deles teria tido impacto real se eu não tivesse dado o primeiro passo: me abrir para receber ajuda.

Durante esses processos de autoconhecimento tive bastante dificuldade em responder a perguntas como: Qual é sua missão de vida? Qual legado deseja deixar? Qual é o seu propósito? Tentava criar respostas inspiradoras e bonitas, mas sempre me sentia desconectada delas. No entanto, em um workshop sobre propósito de vida, percebi algo essencial: falar sobre propósito não é sobre ter respostas prontas, mas sim fazer um mergulho profundo e constante em si mesmo. É um processo contínuo feito de perguntas que se renovam, sempre com novas perspectivas e diferentes níveis de profundidade.

Quando me dei conta desse pensamento, confesso que senti uma certa angústia. Sempre fui do tipo solucionadora de problemas, reconhecida pela rapidez em trazer respostas e soluções. Portanto, lidar com algo que não oferecia uma resposta imediata foi desconfortável e, de certa maneira, até frustrante. No entanto, enquanto aprendia mais sobre a carreira de conselheira, percebi uma das habilidades fundamentais: a arte de fazer perguntas.

Nem sempre precisamos ter respostas rápidas, muitas vezes, é necessário desacelerar e ponderar antes de oferecer soluções. Isso ajuda a evitar nossos próprios vieses e permite que decisões sejam mais bem fundamentadas. Em um mundo cada vez mais instável e volátil, questionar e estimular questionamentos nos outros é essencial. Essa prática ajuda a evitar a miopia de nossas crenças e contextos e nos mantém atentos ao que realmente importa.

Aprender a fazer perguntas não é apenas uma técnica, mas um processo de desconstrução e reconstrução. No papel de conselheira, essa habilidade se traduz em um olhar estratégico que projeta o futuro e amplia possibilidades – e é exatamente isso que gera valor para o negócio. Domar o impulso de responder de imediato é uma competência que deve ser desenvolvida e aprimorada, pois evita soluções simplistas para problemas complexos.

Essa jornada pela busca por propósito me ensinou que a sabedoria de atuar nos conselhos está também em aceitar e viver entre ciclos de clareza e confusão. Entender esse processo nos traz uma consciência mais profunda sobre nossas escolhas e decisões, preparando-nos para atuar de forma mais consciente e eficaz, tanto na vida quanto no papel de conselheira.

Propósito no conselho: servindo ao outro

Mahatma Gandhi disse: "O melhor modo de encontrar a si mesmo é se perder servindo aos outros". Essa frase ecoou profundamente quando entendi que o papel de uma conselheira não se trata de autopromoção ou do desejo de estar sempre certo. Atuar em um conselho significa deixar o ego de lado e se perguntar: estou falando porque quero ser notada ou porque realmente posso contribuir? A diferença entre essas motivações pode parecer sutil, mas é crucial. Em ambientes de alta responsabilidade, onde decisões afetam muitas vidas, saber quando e como se posicionar define a verdadeira relevância de uma pessoa conselheira. Abandonar a necessidade de destaque pessoal e estar disposto a servir genuinamente ao propósito do coletivo são marcas de uma atuação madura e autêntica.

O ser humano é, por natureza, um aprendiz. E como afirmou William Glasser, psicólogo e criador da Pirâmide de Aprendizagem, "o aprendizado deve se dar de dentro para fora". Sem autoconhecimento, corremos o risco de absorver conhecimentos de forma superficial e desconexa, acumulando informações que não transformam nossa prática. Essa reflexão me levou a compreender que aprender vai além de conquistar certificados ou participar de cursos; é um processo contínuo que precisa estar ligado à nossa essência e às experiências que nos desafiam a crescer.

Quando aliamos o autoconhecimento ao aprendizado contínuo, expandimos não apenas nosso repertório, mas também a habilidade de criar conexões profundas e trazer soluções inovadoras para problemas complexos. Em um conselho, no qual a complexidade e as incertezas são constantes, essa combinação nos torna mais aptos a antecipar desafios e enxergar além do óbvio, atuando não apenas como estrategistas, mas como guias em meio à incerteza.

Ser conselheira é, afinal, um compromisso com uma busca incansável por clareza, tanto sobre nós mesmos quanto sobre o contexto ao nosso redor. É essa intencionalidade que transforma pessoas conselheiras em agentes de impacto e evolução.

Refletindo sobre essa jornada, percebo como o autoconhecimento tem sido essencial para minha atuação como conselheira, assim como o próprio papel de conselheira tem me levado a mergulhar cada vez mais fundo em mim mesma. Atualmente, estou como conselheira consultiva em duas organizações sem fins lucrativos, oportunidades que surgiram a partir das conexões que desenvolvi ao longo desse caminho. Convites esses que foram ainda mais fortalecidos pela maneira como tenho aprendido a me posicionar no mercado, tanto por meio do LinkedIn quanto pelas minhas interações pessoais.

Optar por atuar em ONGs de forma *pro bono* me permite aprender e me aprofundar na experiência de servir ao outro em uma posição estratégica, especialmente em um setor que frequentemente enfrenta desafios em gestão e escassez de recursos. Esse compromisso não apenas enriquece minha trajetória, mas também me permite contribuir significativamente para essas organizações e, consequentemente, para gerar transformação e impacto no mundo. Essa escolha reforça a importância de um propósito claro e autêntico, que continua a guiar minha atuação e a me preparar para o que ainda está por vir.

CAPÍTULO 21

Desafios superados, impacto gerado

Minha contribuição no conselho de administração

Tive uma carreira de múltiplas e únicas experiências em que cultivei a persistência, a resiliência e o olhar em perspectiva. Durante essa caminhada assumi a direção da minha vida, dialoguei comigo mesma, arrisquei e me reinventei. Neste capítulo conto um pouco dessa trajetória e como essas competências e o conhecimento técnico me apoiaram para construir uma mentalidade de business que uso como conselheira para sugerir e influenciar o Conselho Regional de Administração de Minas Gerais (CRA-MG).

Tânia Zambelli

TÂNIA ZAMBELLI

Com mais de 35 anos de carreira, acumula experiência de conselheira, consultora, coach, mentora, instrutora e gestora de recursos humanos (RH). É conselheira no Conselho Regional de Administração de Minas Gerais (CRA-MG) e Diretora Executiva da Zambelli & Zambelli Treinamento e Desenvolvimento Ltda., com vivência na formação de líderes e times em empresas brasileiras e internacionais. É coautora dos livros *Coaching na prática: desenvolvimento e transição de carreira* – em qualquer momento, em qualquer lugar e *Organizações sustentáveis* – utopias e inovações: análise da formulação e implementação de estratégias inovadoras em instituições privadas do ensino superior na região metropolitana de Belo Horizonte. É a idealizadora do Programa de Mentoria e Coordenadora do ADM Mulher do Conselho Regional de Administração de Minas Gerais (CRA-MG), mentora associada do Instituto de Mentoria e Consultora da Lee Hecht Harrison (LHH), além de conselheira certificada pela Board Academy, mestre em administração, pós-graduada em marketing e desenvolvimento de recursos humanos e graduada em administração de empresas.

Contatos: www.taniazambelli.com.br
tania@taniazambelli.com.br
LinkedIn: www.linkedin.com/in/taniazambelli
Instagram: @taniazambellimentora
31 99115 9012

Não expressamos nossa filosofia por meio de palavras, mas das escolhas que fazemos... E essas escolhas são, em última instância, responsabilidade nossa.

Eleanor Roosevelt

Há quatro anos eu estava em casa à noite e recebi um telefonema de um colega de profissão. Ele estava em uma reunião de conselho e o meu nome foi sugerido como uma possível candidata à conselheira da organização. Fiquei muito surpresa, sem entender, mesmo assim fiz algumas perguntas e, ainda um pouco confusa, pedi um tempo para analisar. Depois de algumas conversas e compreendendo melhor o trabalho, resolvi aceitar o convite. Nesse momento a formação como administradora fez toda diferença na minha tomada de decisão. Lembrei a minha história, resgatei alguns momentos da minha vida e carreira e entendi que estar em um conselho naquele momento era tudo o que eu precisava para consolidar minha trajetória profissional.

À medida que o tempo foi passando, percebi o quanto a minha visão sistêmica, de gestão, negócios, processos e pessoas tinha me colocado como uma referência para ocupar uma cadeira no Conselho Regional de Administração de Minas Gerais (CRA-MG). É uma entidade consultiva, orientadora, disciplinadora e fiscalizadora do exercício da profissão de administrador e tecnólogo em determinada área da administração. Desenvolve também o trabalho de apoiar, auxiliar e defender os direitos dos profissionais. Constituída por membros da própria profissão, é uma autarquia especial, com o objetivo de garantir que os profissionais cumpram normas éticas e técnicas. É dotada de personalidade jurídica de direito público, com autonomia técnica, administrativa e financeira. Estar em um conselho dessa natureza requer atenção especial, porque oferece responsabilidades e riscos que podem impactar a minha vida como pessoa física e jurídica. Esse cuidado é importante porque a intenção de estar no conselho é para contribuir, mas sem colocar a minha história em risco.

Logo nos primeiros meses que assumi a posição, estávamos em plena pandemia. Em uma reunião plenária, um conselheiro mais sênior trouxe a necessidade de a organização fazer alguma ação para os registrados naquele momento difícil, considerando que alguns administradores se encontravam desempregados e outros estavam com dificuldades para se adaptar ao home office. Foi quando reunimos alguns conselheiros voluntários para pensar em estratégias. Com a minha experiência, sugeri um programa de *mentoring*, que foi aceito pela comissão. Iniciou-se com um projeto piloto que foi um sucesso e a partir dele a organização passou a oferecer um programa de mentoria por semestre, que já está na sexta edição. Foi preciso oferecer conhecimento e preparar profissionais para atuarem de forma voluntária. O sistema e o site precisaram também de ser adaptados para receber inscrições e criar um processo para o acompanhamento das mentorias, através de relatórios e depoimentos dos mentorados. O Conselho Federal de Administração (CFA) ficou conhecendo o programa e alguns Estados ficaram interessados em fazer *benchmarking*. Com esse programa, a organização apresentou para o mercado uma gestão inovadora incremental disruptiva, em que, a partir das dores dos registrados, repensou-se a gestão e novidades foram adicionadas na governança sem muitas modificações. Isso comprovou que fazer diferente pode ser bom, desde que a essência da organização seja mantida.

Desenvolver pessoas e empresas é a minha missão e ver o programa na sua sexta edição me deixa orgulhosa, principalmente por ter contribuído com o conselho, mostrando o que ele não estava vendo. Durante minha carreira, trabalhei como gestora de RH, docente em cursos de pós-graduação e graduação e hoje sou consultora, mentora e coach. Sempre considerando o ser humano como "indivíduo", que em latim é "*uno*", entendo que cada um é único e se distingue por características particulares. O programa estrategicamente segue essa linha. Além de acolher os profissionais, colocou o registrado no centro da cultura organizacional, desenvolvendo mentores, respeitando a individualidade e reconhecendo que ele é o verdadeiro motor da inovação e do crescimento da organização. Com isso, muitos descobriram seus talentos, potencializaram suas competências e passaram a oferecer mais esse serviço para o mercado.

Outro momento que considero importante foi minha contribuição para o amadurecimento de alguns gestores do conselho. Incentivei a busca pelo conhecimento/informações, que eles aceitassem e fizessem novos combinados, buscassem referências para fazer diferente, que fossem protagonistas e que atuassem com *accountability*, demonstrando responsabilidade e comprometimento. Levei um novo olhar também para os processos, estimulando metas mais arrojadas para potencializar resultados. Sugeri mudança na estrutura de relatórios para uma forma mais organizada e com comparação cronológica de números e resultados, visando facilitar o entendimento de todos. Como a proposta era de mudança da cultura, escutei justificativas e dificuldades para construir novos modelos. Segundo Belasco (2005), é muito comum os esforços de mudança fracassarem, pois as pessoas não se comprometem com ela, já que ficam presas a hábitos e a comportamentos antigos mesmo que tenham perdido sua utilidade. Mas no CRA o que assistimos foi o contrário. Relatórios tecnicamente perfeitos, com metas ousadas e informações claras, mostrando a evolução das áreas e os resultados conquistados. Fiz alguns reconhecimentos em reuniões plenárias, ressaltando o quanto os profissionais aderiram, experimentaram e se permitiram viver a mudança. Quando investimos no desenvolvimento do indivíduo, é muito gratificante e lindo vê-lo mudando o mindset e se permitindo experimentar novas formas de trabalho.

Ainda dentro dessa temática de desenvolvimento das pessoas, fui escolhida, como conselheira, para coordenar o programa ADM Mulher no CRA-MG, que foi instituído pelo CFA. A proposta é contribuir para a criação de um ambiente mais inclusivo para as mulheres, promover crescimento, ascensão em todos os níveis hierárquicos, investir no desenvolvimento delas e fortalecer a representatividade feminina em cargos de liderança. De acordo com Chamine (2013), sua mente é sua melhor amiga, mas também é sua pior inimiga. Sem que você perceba, "sabotadores" não detectados na sua mente provocam a maior parte dos empecilhos na sua vida. Assim acontece com algumas mulheres que querem ser líderes, se fazem de vítima, não reconhecem suas próprias necessidades, querem agradar o outro e sempre criticam a si mesmas. A mulher de um modo geral precisa resgatar sua identidade, seus valores, seu propósito, suas habilidades e suas competências. Precisa acreditar nela, se apropriar dos seus pontos fortes e de suas realizações para ter autoconfiança. Pensando nisso, para o programa em Minas Gerais, construí junto com a comissão uma trilha estratégica de desenvolvimento, com cinco temas macros para a profissional de administração: autoconhecimento – vida pessoal e profissional; carreira – oportunidades e inovações; direitos da mulher; assédio moral; e saúde mental. Esses temas são apresentados por meio de palestras que acontecem na primeira quinta-feira de cada mês.

Coordenar esse programa me remeteu à minha experiência de vida e carreira, quando precisei ser resiliente e me adaptar às situações, sem perder o foco do meu propósito. Desafiei, como filha, o ambiente e a cultura de uma família tradicional, quebrei algumas regras convencionais, inovei na forma de pensar e agir em uma época em que a mulher só saía de casa para se casar, e não para estudar. Para Scharmer (2019), deixar ir diz respeito ao processo inicial, à remoção das barreiras e do lixo em nosso caminho, enquanto render-se consiste em se mover para o resultado inicial. Essa frase traduz o que precisei fazer. Negociei muito para sair da casa dos meus pais em busca da graduação, embora ter uma profissão fosse um importante valor familiar e legado deixado pelo meu pai.

Para Pipher (2021), nós mulheres somos restringidas pelas maneiras como nos ensinam a pensar, sentir e agir. Na verdade, um sinal de sabedoria é aprender a distinguir a pessoa que fomos educadas para ser daquela que realmente somos. Ela relata ainda que, para atingirmos o nosso eu, precisamos ser capazes de reivindicar nossas próprias vidas, decidirmos sobre o que realmente desejamos e ir buscar por isso. Nossa cultura nos educa para sermos responsáveis, acolhedoras e disponíveis para os outros. Precisamos aprender, por conta própria, a cuidar de nós mesmas. E é com esse alicerce teórico que o programa ADM Mulher promove reflexões para as mulheres buscarem seu desenvolvimento pessoal e profissional.

Também como conselheira, participei da aprovação e estou inserida no Grupo Temático ADM. Sênior, que tem como objetivo facilitar o desenvolvimento da carreira e sensibilizar o mercado de trabalho sobre o público 50+. O conselho quer fortalecer a carreira do administrador oportunizando capacitação e networking, além de sensibilizar o mercado de trabalho e a sociedade sobre os trabalhadores seniores. Minha contribuição para esse tema está sustentada no programa "Gerenciamento de Vida Futura" que criei como mentora e ofereço no mercado para os profissionais que vão aposentar. É um momento para o profissional resgatar sonhos, entender a sua história de vida e carreira e identificar realizações que vão apoiá-lo na escolha do seu próximo passo.

Participei também da aprovação do Grupo Temático Espiritualidade CRA-MG. O grupo tem como objetivo evidenciar os estudos nacionais e internacionais em torno da temática, a fim de demonstrar a urgência do tema no exercício da profissão, na gestão das organizações e no ensino. Esse grupo é importante em termos de desenvolvimento humano, bem-estar organizacional e construção de uma cultura mais inclusiva e ética. Promove reflexões sobre propósito e valores pessoais, equilíbrio emocional dos indivíduos, integração de diferentes crenças, resiliência e esperança em momentos de crise.

Todas essas ações citadas comprovam o quanto a minha experiência profissional me proporcionou uma visão estratégica sobre o capital humano, o que é considerado um diferencial competitivo e cada vez mais está sendo valorizado em conselhos. Conhecer a importância da governança e da gestão através da prática, estudando, fazendo pesquisa para entender a construção das estratégias e acompanhando a aplicação delas em diversas empresas e segmentos me fez mais confiante para contribuir com a mudança nas organizações, corrigindo o passado, e com a transformação organizacional, criando e construindo o futuro.

Como especialista em Marketing, sugeri no conselho que a organização fizesse um diagnóstico sobre o posicionamento do CRA-MG nas redes sociais. A gestão da área de comunicação encontrou dois perfis da Organização no LinkedIn. A informação foi compartilhada com os demais conselheiros e a gestora do setor criou um plano de ação para investir um pouco mais nessa rede, afinal é nela que está a maioria dos profissionais de administração. Assim, foi realizada uma reformulação do posicionamento do CRA-MG no LinkedIn, transformando o perfil em página corporativa. Além dessa contribuição, gravo vídeos e áudios, sempre que solicitado, sobre temas específicos da minha área para a coluna do Jornal Hoje em Dia e Rádio Web CRA das Gerais. Sugeri ainda uma visão mais estratégica para a área de comunicação. Foi realizada por terceiros uma pesquisa com profissionais registrados e instituições de ensino, visando conhecer a visibilidade da organização no mercado. A partir dessa pesquisa, construiu-se um diagnóstico e plano de ação para melhor posicionamento do CRA-MG no mercado, construção e avaliação da quantidade de mensagens enviadas para os registrados, redes sociais, e-mails e SMS.

De acordo com Balassiano e Costa (2010), você é autor da criação de si mesmo quando se abre ao acaso e tem disposição, motivação e lealdade para se construir. Com o objetivo de ser autora e protagonista da minha carreira, precisei sair de um caminho que me levaria a ser psicóloga para pegar outra rota, onde encontrei montanhas e planaltos. Mais adiante, reencontrei a estrada do conhecimento que me ofereceu o curso e mestrado em Administração, no qual pude resgatar meu propósito com outra embalagem. Eu me especializei em desenvolvimento de pessoas, marketing, busquei formação em *mentoring*, coaching e em conselho consultivo. Nada acontece por acaso.

Assim como ocorre na vida, ao longo desses quatro anos no conselho de administração, fui desafiada a transformar ideias em ações concretas que impactaram positivamente a governança e o desenvolvimento da organização. Cada proposta estratégica que apresentei não foi apenas fruto de conhecimento técnico, mas também da compreensão profunda das necessidades do setor e da busca constante por inovações sustentáveis.

Superar os obstáculos que surgiram ao longo dessa minha jornada fortaleceu minha crença na importância de uma liderança colaborativa e visionária. Ao refletir sobre essa trajetória, fica claro que cada desafio superado trouxe aprendizados valiosos para mim e reflexões para o CRA-MG sobre estratégias atuais e futuras. Acredito que a minha contribuição tenha gerado um legado com impacto positivo e, com certeza, vai continuar a reverberar nas decisões e nos avanços futuros, porque eu e mais alguns profissionais fomos escolhidos para continuar por mais quatro anos no conselho. Levo para mais esse mandato o meu compromisso com a excelência e com o desenvolvimento da governança organizacional e estou confiante de que as bases sólidas que ajudamos a construir até agora servirão de alicerce para os próximos desafios e conquistas que estão por vir.

Referências

BELASCO, J. A. *Ensinando o elefante a dançar*: como estimular mudanças na sua empresa. Rio de Janeiro: Elsevier, 2005.

CHAMINE, S. *Inteligência positiva*: porque só 20% das equipes e dos indivíduos alcançam seu verdadeiro potencial e como você pode alcançar o seu. Tradução Regiane Winarski. 1. ed. Rio de Janeiro: Objetiva, 2013.

COSTA, I. de S. A. da; BALASSIANO, M. *Gestão de carreiras*: dilemas e perspectivas. 1. ed. São Paulo: Atlas, 2010.

PIPHER, M. *Timoneiras*: assumindo o leme da vida com o passar da idade. Tradução Elizabeth Santos Ramos. 1. ed. Rio de Janeiro: Rosa dos Tempos, 2021.

SCHARMER, C. O. *Teoria U*: como liderar pela percepção e realização do futuro emergente. Tradução Edson Furmankiewicz. Rio de Janeiro: Alta Books, 2019.

CAPÍTULO 22

Investimento anjo

Uma escola e um caminho

O envolvimento com grupos de investimento anjo oferece não apenas a oportunidade de capitalizar ideias inovadoras, mas também de embarcar em uma jornada de aprendizado exponencial. Este capítulo mergulhará nos detalhes da minha experiência na transição entre grandes corporações e o efervescente mundo das start-ups, até chegar ao engajamento com o BR Angels, onde iniciei a jornada em conselhos.

Camila Simão

CAMILA SIMÃO

Com mais de 20 anos de carreira dedicada à tecnologia e consultoria, já ocupou posições de liderança em empresas renomadas e start-ups inovadoras. Atualmente, é vice-presidente de operações e marketing na FCamara, uma multinacional brasileira de tecnologia e inovação que transforma a adoção de jornadas digitais em valor para os negócios. Antes da FCamara, cofundou a Mangue, liderando marketing, vendas, experiência do cliente e parcerias, foi *chief business officer* na Dock, responsável por negócios, gestão de contas, precificação e ofertas, e diretora de negócios na Zup Innovation, onde gerenciou grandes times em projetos de transformação digital. Na Avanade, escalou operações do zero, impactando centenas de pessoas. Também atuou na Accenture, liderando a área de gestão de mudanças em nível LATAM. Além disso, é associada do BR Angels e acumula experiência como investidora anjo e conselheira de start-ups, como NoCartorio.com e BeBeleza.

Contatos: casimao@gmail.com
LinkedIn: www.linkedin.com/in/casimao

Nos últimos anos, o cenário empresarial tem testemunhado uma transformação significativa na forma como as mulheres entram e impactam o mundo dos negócios. Embora o acesso a conselhos tenha sido historicamente limitado para mulheres, e o ecossistema de start-ups ainda seja massivamente masculino, novas oportunidades têm surgido; o meu caminho encontrei através de grupo de investimento anjo. Este capítulo explora como minha trajetória nesse ambiente não apenas expandiu minhas próprias perspectivas, mas também oferece um modelo inspirador para outras pessoas que desejam trilhar um caminho semelhante.

Trajetória profissional: de multinacionais a start-ups

Nos meus mais de 20 anos de executiva, tive uma carreira muito pouco linear. Formada em Psicologia, com dois MBAs, reconheço que poucas vezes estive mais de seis meses fazendo a mesma coisa.

Passei por grandes multinacionais, empresas menores e empreendi. Liderei times pequenos e grandes, multidisciplinares e multiculturais, de mais de 500 pessoas, como consultora ou responsável por áreas internas, desde RH, operações, marketing, vendas, atendimento e experiência do cliente, até projetos de gestão de mudanças, estratégia, eficiência operacional, além de entregas técnicas de design e desenvolvimento em projetos de transformação digital.

E o que sempre guiou esse dinamismo foi meu interesse em conhecer coisas novas e aprender, o que fazia com que, sempre que começasse a me sentir confortável com o que estava fazendo, buscasse algo novo.

Foi assim que cheguei ao BR Angels e iniciei minha jornada de conselheira.

O início

Minha carreira começou em grandes corporações multinacionais do setor de tecnologia. Nesse ambiente, tive a oportunidade de executar diversos projetos em diferentes tipos de clientes, internos e externos, o que me proporcionou uma visão abrangente sobre a importância da eficiência organizacional.

Depois disso, tive uma experiência relevante em operações, ajudando a estabelecer a Avanade no Brasil, uma gigante de tecnologia, *joint venture* da Accenture com a Microsoft. Nessa época, responsável por toda parte de governança, políticas e processos, aprendi a importância dos processos e da análise detalhada, como ferramentas para o sucesso corporativo. Tais convicções foram fortemente desafiadas quando ingressei no universo das start-ups – um ambiente que, embora mais informal, exigia uma adaptação constante e flexibilidade.

A mudança

Era 2019, estava ainda tentando me encontrar no mercado após a volta de um período dedicado à maternidade, quando me juntei a uma empresa que, embora já tivesse mais de 500 pessoas, tinha todo jeito e mentalidade do que costumamos ver nas start-ups. Tudo era simples, objetivo, direto, cultura de testes, agilidade, flexibilidade. Ali testemunhei inovações e métodos de trabalho que, embora diferentes daqueles de corporações, revelaram-se incrivelmente eficazes. Estudei *lean*, escutei pela primeira vez os termos MVP, *product market fit*, pivotar, entre outros jargões que quem está neste mundo conhece bem, mas não são foco neste relato. Essa experiência foi transformadora, pois me mostrou que sucesso e inovação muitas vezes vêm de abordagens menos convencionais.

Após a aquisição da empresa por um grande banco, decidi continuar explorando o ecossistema de start-ups e juntei-me a uma fintech de 300 pessoas. A cultura de start-up, com sua ênfase em agilidade e inovação, também foi um terreno fértil para aplicar meus conhecimentos e me aprofundar em novas frentes, montando uma área de experiência do cliente, conduzindo vendas, marketing e atendimento. Essas vivências me ajudaram a entender a importância de equilibrar a inovação com processos estruturados.

Durante essa fase, minha capacidade de adaptação foi continuamente testada, pois assumi diversas funções, desde a criação de novas áreas até a organização de frentes já estabelecidas. Esse ambiente dinâmico e de rápido crescimento foi um campo de treinamento perfeito para desenvolver habilidades críticas de liderança e transformação. Mas entramos em um processo de fusão que novamente me levou à uma grande empresa, e eu continuava não querendo perder a conexão com o ecossistema de start-ups e inovação.

Foi naquele momento, sentindo que toda a flexibilidade e dinamismo que eu tinha conhecido só no mundo de start-ups estava em xeque, que eu busquei o BR Angels.

Formada em 2019, o BR Angels é uma associação nacional de investimento anjo, atualmente composta por mais de 400 CEOs, altos executivos e executivas de importantes empresas que, além de capital financeiro, entregam capital intelectual. Hoje, com mais de 30 start-ups no portfólio, o grupo busca auxiliar iniciativas sólidas de empreendedorismo e contribuir de maneira efetiva com o desenvolvimento econômico do Brasil e da América Latina.

Um novo horizonte

Eu já acompanhava há algum tempo pessoas que tinham contato no grupo, mas, por desconexão, imaginava que era um fórum fechado e de difícil acesso. Foi quando entrei em contato e tive uma grata surpresa. Foram algumas conversas de entendimento de como funcionava, e logo se abriu uma oportunidade de me associar.

A associação ao BR Angels representou a culminação natural de minha experiência no setor de tecnologia e start-ups. Esse grupo de investimento anjo não apenas me acolheu, mas também me ofereceu uma plataforma riquíssima para aprofundar meu conhecimento e me conectar com outros profissionais extremamente competentes, de diferentes áreas e experiências.

Participar ativamente no BR Angels significava imergir em todos os processos de análise e investimento, desde a fase inicial quando os empreendedores submetem suas ideias, o que chamamos de *screening*, até as deliberações finais de investimento com pessoas que provocam novos olhares e novas reflexões durante todo o ciclo. O grupo possui uma metodologia estruturada que começa com a avaliação preliminar das start-ups. Nessa etapa, um grupo de executivos revisa inscrições, analisando cuidadosamente as informações apresentadas pelas start-ups para determinar se passam para a etapa de oitiva.

A oitiva é um momento crítico quando os empreendedores apresentam suas ideias em uma apresentação, ou *pitch*, de 10 minutos, seguido por uma sessão de perguntas e respostas. Esse processo não apenas testa a capacidade de comunicação dos empreendedores, mas também a clareza e viabilidade de suas propostas.

A cada etapa do processo de avaliação, como o *pitch day*, quando o empreendedor tem a oportunidade de apresentar seu negócio em uma plenária aberta a todos os associados, a diversidade de opiniões e o envolvimento de investidores com diferentes *backgrounds* enriquecem a análise e decisão final. Isso oferece uma visão abrangente das start-ups, levando em consideração diferentes perspectivas e experiências.

Por fim, após o *pitch day*, as oportunidades aprovadas passam por um Grupo de Avaliação (GA). Esses grupos são responsáveis por uma análise das operações, finanças e potenciais de mercado da start-up em questão. Tal fase inclui interagir diretamente com os fundadores, entender suas visões e, muitas vezes, desafiar suposições para garantir que as decisões de investimento sejam bem fundamentadas. É ainda, geralmente, o líder desses grupos que leva, junto com o empreendedor, a start-up para a última fase de aprovação, que é o comitê de avaliação.

Passando pelo comitê, iniciam processos de *due diligence*, quando há uma análise ainda mais detalhada de números e informações da start-up e contrato, geralmente acompanhado pelo líder do GA. Ao final, uma vez que fechamos o investimento, um dos nossos associados se torna o conselheiro, ou *board advisor*, da start-up investida.

Eu participei de cada uma dessas fases, aprendi muito e, então, fui convidada a assumir o conselho de uma das nossas investidas. Desde então, outros convites surgiram e tive oportunidade de avaliar cada um deles e a conexão com o meu momento e tomar as minhas decisões, entre entrar como conselheira, mentora ou mesmo indicar alguém que estivesse mais alinhado com a expectativa do empreendedor em relação ao que se precisava no momento.

Os diferenciais

Quando paro para avaliar os principais motivadores dos empreendedores com quem conversei para escolher conselheiros consultivos, estão:

- Interesse pelo negócio deles.
- Conhecimento do mercado ou de áreas críticas para o negócio.
- Entendimento dos desafios e momento.
- Empatia e conexão com o empreendedor.

Quanto ao que se espera no dia a dia, dependendo do estágio de maturidade da start-up e dos empreendedores, há demandas específicas, mas, no geral, o que na minha experiência os empreendedores esperam é:

1. Orientação estratégica

- Visão externa que possa ampliar o campo de visão, oferecendo perspectivas externas que possam não ser evidentes para quem está no dia a dia do negócio.
- Antecipação de riscos, perguntas relevantes que tragam à tona pontos cegos, questões que possam estar passando despercebidas.
- Avaliação de mercado, análise de tendências e oportunidades, ajudando a start-up a adaptar sua estratégia em resposta a mudanças externas.

2. Solução de problemas

- Visão e experiência na resolução de problemas operacionais complexos, utilizando sua experiência e seu conhecimento prévio, que possam economizar erros.
- Perspectiva externa imparcial que possa ajudar a identificar soluções inovadoras para problemas internos e encurtar caminhos.
- Apoio sobre liderança, formação e gestão de times, questões de desenvolvimento e orientação em relação a conflitos internos.

3. Rede de contatos e conexões

- Acesso a redes de contatos que possam incluir potenciais clientes, parceiros estratégicos e especialistas do setor.
- Ajuda para o estabelecimento de parcerias estratégicas que possam impulsionar o crescimento e a inovação da start-up.

4. Crescimento e expansão

- A presença de conselheiros respeitados que possam aumentar a credibilidade e a visibilidade da start-up no mercado, abrindo novas oportunidades.
- Conselheiros que ajudem a monitorar o progresso da start-up em direção a suas metas estratégicas e forneçam feedback contínuo sobre o desempenho, sugerindo melhorias e ajustes conforme necessário.
- Além de agregar valor diretamente, conselheiros bem relacionados que possam facilitar a captação de investimentos indicando a empresa a outros investidores.

Todas essas questões estão muito relacionadas ao que é esperado de um empreendedor quando buscam captar no mercado, *smart money*, um dos grandes diferenciais do nosso grupo. Por essa razão, digo que o BR Angels tem sido uma verdadeira escola, não apenas por me permitir aprender sobre o ecossistema de start-ups, mas também por me oferecer a chance de influenciar e guiar empreendedores em suas jornadas. A exposição a práticas inovadoras e o contato com empreendedores visionários proporcionaram-me insights valiosos, que agora aplico amplamente em outras áreas da minha vida profissional.

Além disso, o grupo promove um ambiente inclusivo e, embora seja um grupo misto, majoritariamente masculino, assim como é todo o mercado, há intencionalidade em promover a participação de mais mulheres no ecossistema, o que motivou a criação do BR Women Network, grupo das mulheres do BR Angels, que tenho a honra de liderar. Nesse grupo, temos a missão de acolher e integrar as mulheres, sejam investidoras ou empreendedoras, e fomentar engajamento.

Como começar?

Com base na minha experiência já relatada, compartilho algumas dicas para quem aspira imergir nesse universo de investimento anjo como uma porta de entrada para cadeiras de conselhos:

- **Escolha do grupo**: ao selecionar um grupo de investimento anjo, procure um grupo de pessoas que você se identifique. Eu escolhi pela variedade de expertise entre os membros, queria interagir com profissionais de diferentes áreas e experiências, pois considero que diversidade exponencializa conhecimentos e pode oferecer insights valiosos e inusitados.
- **Participação ativa**: envolva-se ativamente nos processos e busque aprender tudo que puder, sobre as start-ups e o mercado. As oportunidades aparecem para quem se interessa, se dedica e conquista seu espaço e relevância.
- **Networking e aprendizado contínuo**: utilize o grupo como uma plataforma para networking e aprendizado. As conexões nesses contextos têm valor inestimável, tanto profissional quanto pessoalmente. E talvez, se a oportunidade não surge dentro do grupo, pode ser através de relacionamentos estabelecidos.

Conclusão

O caminho do conselho pelas vias de grupos de investimento anjo é uma oportunidade de crescimento incomparável para aprender, influenciar e ser influenciado por algumas das mentes mais inovadoras do mercado.

Além disso, há a possibilidade de conciliá-lo com outra ocupação e iniciar a construção de um caminho futuro, em paralelo. Eu, por exemplo, além de associada do BR Angels, estou como vice-presidente de operações e marketing da FCamara. A empresa, por estar inserida em um contexto de tecnologia e inovação, promove esse engajamento e todos os lados se beneficiam. Eu continuo me desafiando constantemente a me manter atualizada, levo para a empresa tendências e novas formas de resolver problemas e aporto nas start-ups conhecimentos e boas práticas que funcionam em diferentes contextos e tamanhos de empresas.

Espero que as experiências e dicas compartilhadas aqui inspirem outras pessoas a explorar esse caminho, ampliando sua presença e impacto no ecossistema de start-ups e além.

CAPÍTULO 23

Guia de networking para conselheiras

Neste capítulo, você desvendará os segredos essenciais para o sucesso da conselheira moderna. Domine a arte de construir e nutrir relações poderosas, capazes de abrir portas e impulsionar sua carreira nos conselhos. Este guia prático é a chave para transformar suas conexões em oportunidades de ouro (e garantir ótimos negócios!).

Maisa Alves

MAISA ALVES

Determinação e *lifelong learning* a levaram de ambulante na infância ao conselho consultivo. Seu propósito é: "Fazer o maior bem ao maior número de pessoas". É 50+, com 20 anos de experiência em consultoria. Iniciou em TI e hoje é empresária na Consulting Now, líder em gestão empresarial, focada em reestruturação e eficiência em RH, finanças, vendas e indústria. Ama ministrar palestras e desenvolver líderes e equipes. Atuou como docente em Administração de Empresas na Universidade Guarulhos (UNG). É mestre em Educação pela Universidade Metodista de São Paulo (UMESP), pós-graduada em Finanças pelo Instituto Brasileiro de Tecnologia Avançada (IBTA) e em Consultoria pela Pontifícia Universidade Católica de São Paulo (PUC-SP). É Educadora Executiva. É mentora em programas da Alumna, voluntária em redes de ESG e de empoderamento feminino. Participa de grupos de networking e é membro do Nexusfn e do Select Club. Além disso, é formada em Conselho pela Board Academy, sócia fundadora do Instituto dos Conselheiros Reunidos (ICR) e Business Advisory na Enactus da Universidade Federal do Rio Grande do Sul (UFRGS), além de coautora de livros em andamento. Uma cientista cristã que ama gestão de negócios e pessoas e quer fazer diferença na vida delas!

Contatos: santosmaisaa@outlook.com
LinkedIn: www.linkedin.com/in/maisaalvesbr
Instagram: @maisaalvesbr
11 98834 7718

Boas conexões, bons conselhos: o poder do networking estratégico!

Ao longo de meio século, a vida me conduziu por comunidades; não imagino para onde me levarão no final! Adquiri uma vasta gama de saberes técnicos, emocionais e sociais, convivendo com pessoas diversas. Alegro-me por não restringir relações e, como aprendiz constante, descobri que todos têm algo a aprender e a ensinar.

A troca de experiências leva à expansão mental, e à credibilidade pessoal. Compartilho minha jornada rumo ao conselho, exemplificando como o networking é crucial para aumentar a visibilidade e as chances de recomendação a um cargo de conselheira.

Minha rede, nossa rede!

Você, conselheira, sente a urgência em usar da melhor forma os dons que Deus lhe presenteou – amor, alegria, paz, paciência, amabilidade, bondade, fidelidade, mansidão, domínio próprio? Isso só é possível ao cumprir nossa missão maior: amar ao próximo! Note que temos pessoas e proximidade.

Lições aprendidas a duras penas podem ser suavizadas em comunidades fraternas e solidárias, como os grupos que promovem conexões: rede de networking, de negócios, de *netsharing*, de relacionamentos, ou apenas rede.

As mulheres apoiam o sucesso umas das outras, sem se sentirem ameaçadas ao compartilhar oportunidades; empregam o termo "rede de apoio" e participam de forma estratégica, promovendo um clima colaborativo e fortalecendo o conjunto. Um network perene resulta em parcerias valiosas, pois a vida deve melhorar na convivência com outras líderes.

Implantei várias redes, e é uma satisfação mantê-las. O espírito empresarial coletivo e o sucesso pessoal são forjados por sonhos, ideias, negócios e a partilha da riqueza plena. Portanto, se conectar com pessoas em eventos de networking é crucial para manter conexões que podem te ajudar a fazer negócios, ganhar dinheiro ou recursos; oportunidades que se ampliam com o *netsharing*.

Elucido uma diferença sutil nos termos: fazer ações para criar e expandir conexões é praticar networking; e, quando sua rede está estabelecida, vem a ser seu network. Interconectar suas redes gerando um fluxo compartilhado de colaboração, oportunidades e suporte, é *netsharing* (termo promulgado pelo grupo Nexus Fábrica de Negócios).

Desde adolescente, a jornada de "conhecer gente" me acompanha. Nos anos 1980, revistas tinham seções para leitores se conectarem. Eu trocava cartas com pessoas de todo o Brasil, e precisava organizá-las. Então, comprei meu primeiro livro sobre networking, que ensinava a importância de nutrir relacionamentos. Sugeria criar uma tabela com formação, profissão e aniversário das pessoas para enviar felicitações. Agora, um contato anual parabenizando no aniversário gera pouco resultado! As ferramentas de controle, as mensagens instantâneas e as redes sociais aumentam muito as oportunidades e a quantidade de contatos.

Network é vida! Pulsa!

Faça as contas: se anotar o nome de todos os seus contatos, quantas linhas teria sua lista? Quantas horas por mês dedica para contatos individuais? Quanto tempo de qualidade investe para nutrir relacionamentos?

Gerir muitos contatos e responder às suas demandas é um grande desafio para as conselheiras. A procrastinação pode levar a um acúmulo difícil de administrar. Permita-me, para facilitar essa gestão, compartilhar algumas recomendações:

- **Cumpra um checklist de gentilezas**: parabenize em momentos especiais, faça e agradeça convites, e responda a *posts* e mensagens. Esteja presente no dia a dia das pessoas.
- **Personalize a comunicação**: ao se lembrar de alguém por um filme, sonho ou notícia, comente com ela. Mostrar consideração é tão valioso quanto ter uma agenda repleta de compromissos.
- **Expresse gratidão**: encontre formas de oferecer maior valor do que recebe. Gratidão e cooperação aumentam a reputação da conselheira e ajudam a conquistar "lugar à mesa".
- **Faça indicações**: indicando profissionais às empresas que aconselhamos, todos se beneficiam dos insights e das valiosas parcerias para enfrentar desafios de governança.

Conheço várias mulheres que através das redes conseguiram empregos, promoções, convite para ser CEO, palestras, clientes, criação de ONG, recursos para projetos, apoio profissional, negócios no exterior, autoria em livros (caso deste) e contratação para comitês e conselhos consultivos.

Um dos segredos do sucesso do networking é o propósito. Para formar uma rede estratégica, aceite convites alinhados com seu foco de interesse. É sábio conhecer pessoas em encontros com pautas definidas. Ter objetivos claros é vital!

Que tal organizar uma agenda recorrente para networking? Construa pontes, com ações deliberadas. E reconstrua pontes com pessoas "abandonadas" ao longo da sua vida, reatando contatos com colegas de formações, trabalhos, igreja, mentores, clientes. Reinicie um processo planejado de networking tirando "a poeira dos contatos".

Posso garantir que buscar aproximação com pessoas relevantes surte resultados, mesmo que não imediatos. Meu primeiro emprego foi por indicação de um amigo da igreja. Um professor da graduação me convidou para ser consultora. Um colega da pós contratou-me como professora universitária. Uma colega da empresa júnior tornou-se minha sócia. Tenho clientes de RH por referências de uma advogada e de uma contadora. Faço consultoria comercial, planejamento estratégico e conselho consultivo, tudo por indicações geradas em grupos de networking. As pessoas nos conectam ao mundo das oportunidades!

Seu convívio! Sua imagem!

Preservar relações fortalece laços de confiança e constrói sua imagem como conselheira. A percepção das pessoas faz a diferença entre você ser ignorada ou obter destaque. Procure ambientes onde a conversa flua de mão dupla e você possa expressar suas crenças sendo autêntica, sem precisar esconder vulnerabilidades ou temer ser reprovada.

Para mim, que desde criança vendia guloseimas nas ruas e não tenho vergonha de falar com estranhos, parece fácil, mas boa parte das mulheres que entrevistei para escrever esse guia se sente desconfortável nos eventos de networking, por timidez, por considerar que está "forçando" conexões ou por se sentir despreparada.

Brené Brown escreve sobre mecanismos naturais de proteção contra sentimentos de vergonha, rejeição e medo. Ela incentiva a explorar o "arsenal contra as vulnerabilidades" e escolher a coragem, para abrir-se ao amor e estabelecer conexões mais profundas.

A conselheira Dirlene Silva, destacando o poder da sororidade em seu propósito de "desmistificar a economia", ressalta, parafraseando Sócrates, que "o autoconhecimento é a mãe do conhecimento".

Inspirada por essas fomentadoras de bravura convido você a "espiar seu arsenal" e refletir sobre suas práticas de networking:

- Como você se comporta quando em contato com pessoas que você não conhece?
- Você demora a se aproximar?
- Seu estilo de abordagem é passivo ou proativo?
- Ignora contatos com traços distintos do alvo (surdez tática)?
- Gera consenso ou pressiona nos momentos de conflito?

Nos contatos iniciais as pessoas associarão a você certas características (tensão, simpatia, ansiedade, ânimo, reserva, sabedoria) e as manterão até que você demonstre o contrário. Rebusques, jargões e competição de verborragia limitam a predisposição natural à empatia e geram uma imagem de empáfia. Sem convivência, a primeira impressão ficará marcada.

Perfil e propósito!

Seu desejo é criar conexões que gerem crescimento profissional e oportunidades para conselhos, certo? Então, escolha redes considerando as pessoas que dela participam, a possibilidade de interação e a coerência com seu perfil. Sua "moeda de troca" são as suas competências, e precisam ser valorizadas. Atente-se ao fato de que cada rede tem seu objetivo.

Listo algumas para exemplificar:

Grupo/rede	Objetivo/propósito
Nexus Fábrica de Negócios	Grupo de empresários(as) que trabalham em *netsharing*, visando ao desenvolvimento dos negócios de cada membro.
Movimento Mulher 360	Engajar empresas na promoção da equidade de gênero e empoderamento feminino.
Mulher Empreendedora	Empoderar empreendedoras, garantindo independência financeira e de decisão sobre seus negócios e suas vidas.
Diversity on Boards	Aumentar a participação de mulheres em conselhos e comitês.

AngelUs Network	Aumentar a representatividade de mulheres na liderança de empresas e alavancar a equidade de gênero.
Mulheres do Brasil	Estimular o protagonismo feminino e fazer parcerias e planos de ação para a conquista de melhorias para o país.
Pacto de promoção da equidade racial	Propor e implementar um Protocolo ESG Racial, contemplando ações que estimulem maior equidade racial.
Conselheiras	Impulsionar o número de mulheres em conselhos e comitês, com networking qualificado e fóruns relevantes.
Uma sobe e puxa a outra	Impulsionar mulheres de diferentes áreas de atuação a ocupar mais espaços no mercado e nas empresas.

Além das redes, escolas para formação de conselheiros (IBGC, Board Academy, StartSe, CELINT, FDC, ICR, Saint Paul) e de coaching e mentores (IBC, Febracis, ICI, FGV) são beneficiadas pelo convívio mantido entre seus formandos.

Não bloqueie a expansão de suas ideias! Procure grupos com diferentes pontos de vista. Quanto mais variado seu network, mais desenvolverá oportunidades. As parcerias existem para complementar competências e suprir lacunas de desempenho.

Considere suas intenções e seu estilo de vida, participando de redes profissionais para atualização e sociais para lazer e diversão. Minha mãe diria: "Vai procurar sua turma". E eu digo: "Faça parte de grupos que te motivem a ser melhor como pessoa!".

É possível destacar as características profissionais nas redes de negócios e as pessoais nas sociais? Penso que não! As redes se integram nesse mundo tecnológico. Estamos tão expostos que, ao mostrar as competências técnicas, revelamos comportamentos e intenções.

Intenção! Ação!

Você investe tempo e se esforça para conhecer quem possa contratá-la como conselheira. Mas onde estão essas pessoas? Espalhadas por aí, mas não em qualquer lugar. Estão nos ambientes frequentados por quem visa conquistar aliadas para ajudar na perenidade de seus negócios.

Sendo assim, planeje suas ações de networking:

- **Antes**: defina objetivos, desenvolva habilidades de comunicação e treine scripts assertivos.
- **Durante**: faça perguntas incisivas e fomente discussões sobre oportunidades de negócios.
- **Após**: mantenha relações autênticas com *follow-ups* estruturados.

Nutrir relacionamentos baseados na confiança mútua propicia trocas de alto valor e pode gerar indicação para cadeiras de conselho. Acredite em seu potencial!

E, quando participar de entrevistas, tenha em mente que está investindo na carreira de seus sonhos. Explore as perspectivas e desafios da empresa e identifique o momento certo de fazer "três perguntas mágicas":

- Já considerou ter uma conselheira ajudando a pensar no futuro do seu negócio, tendências, mercados, e a como vender melhor para ter clientes satisfeitos?
- Você tomaria decisões com mais segurança ao analisar seus demonstrativos gerenciais, considerando o cenário empresarial?
- Melhor do que ser refém da "solidão empresarial", é contar com meus conselhos especializados. Podemos formar juntos um conselho em sua empresa?

Vou contar um segredinho para a felicidade: seja semeadora de coisas boas! Nas suas interações, procure, sem ser inconveniente, oportunidades de melhorar a vida das pessoas e das empresas.

Tenho muitas amigas graças às práticas que compartilhei neste guia. Perguntei a elas que recomendações dariam para outras conselheiras atuarem com sucesso. Aqui estão seus preciosos conselhos sobre a sagrada prática de networking:

- Mapeie as empresas e pessoas-alvo e busque em sua rede quem pode fazer a ponte entre vocês para agendar "um encontro", e nele faça as "três perguntas mágicas".
- Seja humilde, construa uma relação genuína. Tenha uma escuta ativa, visando ser servidora.
- Networking não é politicagem ou marketing, saia da zona de conforto e invista tempo na construção de confiança.
- "Seja interessante primeiro". Ofereça suporte de acordo com suas competências antes de pedir por apoio.
- Ao conhecer alguém, lembre-se de que esse novo ser que está entrando na sua vida é mais do que um perfil social, um seguidor, uma conexão ou cliente de conselho, é como você, um "ser em devir", constantemente se transformando em resposta às experiências.

Evolução gregária!

Acredito que nossa felicidade está na qualidade dos vínculos afetivos que geramos. Desde o seio familiar ao ambiente religioso, da escola infantil ao mestrado, do ontem ao futuro, regido que será pela Inteligência Artificial, cruzaram meu caminho inúmeras identidades forjando a minha própria. Das enciclopédias vendidas de porta em porta, à venda de conhecimento como consultora de gestão e conselheira consultiva, agora sei que essa jornada não tem um fim.

Um último segredinho revelado: da nutrição de seu network depende o sucesso da conselheira!

Ao longo dos anos, construa uma rede de pessoas com quem evoluir. Aproveite a convivência, as descobertas valiosas, as ações e emoções que virão!

Com que propósito? Fazer negócios com amor, para que a vida das pessoas se torne melhor a cada dia vivido ao seu lado! Compartilhe a vida!

Assim seja!

CAPÍTULO 24

A voz do cliente nos conselhos

A governança moderna e comitês de clientes moldando o futuro

Minha trajetória, do *call center* ao conselho, é uma história de transformação impulsionada pela experiência do cliente. Como pioneira na homologação do *customer experience* no Brasil e na criação de comitês de clientes, mostro como alinhar governança, IA e a voz do cliente nas estratégias. Este capítulo revela práticas que elevam a experiência do cliente, reduzem riscos e constroem legados duradouros.

Euriale Voidela

EURIALE VOIDELA

É fundadora do Grupo Customer, CEO da Customer Centric Consulting e da Customer Vagas, além de editora-chefe do Portal Customer e da Equity3. Reconhecida como uma das principais referências em *customer experience* (CX) e *customer success* (CS) no Brasil, possui uma trajetória de 26 anos dedicados a transformar a experiência do cliente em um diferencial estratégico para empresas de diversos setores. Palestrante, mentora e conselheira empresarial, conquistou 12 premiações, é coautora de 3 livros e tem mais de 100 artigos publicados em veículos de imprensa. Lidera hoje iniciativas que integram inovação, governança e experiência do cliente nos conselhos e empresas. Com grandes reconhecimentos nacionais e internacionais ao longo de sua carreira, ela é uma defensora de práticas empresariais que equilibram tecnologia, humanização, finanças e sustentabilidade.

Contatos: www.customercentric.com.br
www.eurialevoidela.com.br
euriale@customercentric.com.br
LinkedIn: www.linkedin.com/in/eurialevoidela
11 99958 3954

Uma jornada do atendimento ao conselho de empresas

Minha trajetória no mundo corporativo teve início nas centrais de atendimento, como operadora de telemarketing. Eu era aquela pessoa que, do outro lado da linha, ouvia histórias, solucionava problemas e aprendia, a cada dia, o valor de colocar o cliente no centro de todas as interações. Foi nesse ambiente que descobri minha paixão pela experiência do cliente, um aprendizado que moldou não apenas minha carreira, mas também minha visão sobre como as empresas podem prosperar ao fazer do cliente uma prioridade estratégica. Ao longo dos anos, assumi desafios maiores, liderando equipes e desenvolvendo estratégias; e, com dedicação e uma longa jornada de estudos, conquistei meu espaço como conselheira empresarial. Hoje, atuo em quatro conselhos, levando comigo 26 anos de experiência e a convicção de que transformar a experiência do cliente em diferencial estratégico é uma das formas mais poderosas de impulsionar o crescimento e o valor das organizações.

Minha trajetória também foi marcada por conquistas pioneiras e mais de 12 prêmios do segmento. Tenho orgulho de ter sido uma das grandes responsáveis por homologar a profissão de *customer experience* (CX) no Brasil, oficializando um campo que hoje é essencial para a competitividade empresarial. Além disso, fui pioneira na introdução e no fortalecimento dos comitês de clientes dentro dos conselhos, transformando o papel da governança ao colocar a voz do consumidor no centro das decisões estratégicas. Esses comitês representam o elo entre as organizações e seus clientes, conectando insights valiosos sobre a jornada do consumidor a práticas de governança que promovem agilidade, empatia e inovação.

Os conselhos, tradicionalmente focados na supervisão de riscos e conformidades, enfrentam agora uma transformação necessária. A governança corporativa moderna exige uma abordagem mais ampla, que incorpore visão de futuro, inovação constante e o uso estratégico de tecnologias disruptivas, como a Inteligência Artificial (IA). Mais do que nunca, é preciso entregar valor não apenas para os stakeholders financeiros, mas também para os clientes, cujas experiências têm impacto direto na reputação e na rentabilidade das empresas.

O conceito de conselho de clientes do futuro vai além das práticas tradicionais. Ele representa um espaço de transformação, em que a tecnologia e a experiência do cliente (CX) se tornam os pilares centrais para moldar o crescimento sustentável e a competitividade empresarial. Os comitês de clientes e os comitês de inovação desempenham um papel crucial nesse novo modelo, integrando a governança à dinâmica do mercado e permitindo que as empresas sejam mais ágeis, responsivas e conectadas às demandas do consumidor.

Neste capítulo, compartilho reflexões baseadas em minha trajetória e nas práticas que ajudei a construir, destacando como forças disruptivas e os comitês especializados estão redesenhando a governança corporativa. Mais do que apontar tendências, busco apresentar insights e melhores práticas que conselhos podem adotar para liderar com impacto, propósito e inovação. O conselho de clientes do futuro não é apenas uma necessidade estratégica, mas uma oportunidade de criar um legado transformador, que beneficie empresas, clientes e a sociedade como um todo.

A solução integrada: Inteligência Artificial e governança de clientes na resolução de demandas complexas

Uma experiência que ilustra a colaboração estratégica entre o conselho de governança empresarial, o conselho de governança de clientes e o comitê de inovação aconteceu em uma empresa do setor de serviços. O desafio inicial era a demora na resolução de solicitações complexas dos consumidores, que gerava insatisfação significativa entre os clientes e impactava negativamente os principais indicadores de experiência. A empresa também enfrentava altos custos jurídicos e uma grande redução do número de vendas devido à má reputação junto aos clientes. Métricas como o *Net Promoter Score* (NPS) e o *Customer Effort Score* (CES) já indicavam falhas, mas o avanço veio quando o comitê de clientes aprofundou a análise, mapeando toda a jornada do cliente.

O comitê de clientes realizou uma avaliação detalhada da jornada, identificando os principais pontos de frustração, perdas financeiras e riscos jurídicos. Além das métricas tradicionais, incorporou o *Net Emotional Value* (NEV) para entender como os clientes se sentiam em cada etapa. A análise revelou que os maiores problemas estavam na repetição de informações entre canais, na falta de respostas claras em situações complexas e na não solução de uma porcentagem elevada de reclamações, o que prejudicava a conexão emocional e a percepção de valor da marca.

Com essas informações em mãos, o comitê de inovação foi acionado para desenvolver soluções tecnológicas baseadas em Inteligência Artificial. A IA foi utilizada para capturar sentimentos em tempo real durante interações, além de automatizar processos de pré-qualificação.

Essa integração resultou em um modelo híbrido altamente eficiente, com impactos positivos em diversas áreas estratégicas da empresa:

- **Agilidade operacional**: a IA reduziu significativamente o tempo de resposta e simplificou processos, permitindo maior eficiência no tratamento de demandas simples e liberando a equipe para focar em casos mais complexos.
- **Humanização nos momentos críticos**: o comitê de clientes, utilizando insights captados pela IA, desenvolveu treinamentos para aprimorar as interações humanas em situações emocionalmente sensíveis, garantindo uma experiência mais empática e resolutiva para os clientes.
- **Métrica de ROX (retorno sobre a experiência)**: foi implementada uma métrica que conectou diretamente as melhorias na experiência aos resultados financeiros, oferecendo uma visão clara para os conselhos de como os investimentos em CX estavam gerando valor.

Além disso, a valorização da imagem de marca trouxe ganhos adicionais. Pesquisas com clientes da base revelaram que a percepção positiva da marca, fruto de uma experiência aprimorada, influenciou diretamente a confiança de consumidores e investidores. Esse fortalecimento reputacional resultou em maior atratividade no mercado, contribuindo para a elevação do *valuation* da empresa.

Por fim, houve uma redução significativa nos custos jurídicos, resultado de menos reclamações formais e disputas legais decorrentes de insatisfações. A melhoria na experiência do cliente não apenas preveniu litígios, mas também criou um ambiente de maior confiança e lealdade, solidificando o relacionamento da marca com seus consumidores.

ROX e valuation: a governança impulsionando a estratégia corporativa

Hoje, na minha visão, os conselhos precisam ir além da supervisão e gestão de riscos, assumindo um papel estratégico que conecta iniciativas voltadas para o cliente aos resultados financeiros e à valorização das organizações.

Essa integração de CX e IA na governança moderna não se limita a melhorar a experiência do cliente. Ela redefine a forma como as empresas geram valor. Ao correlacionar dados de clientes com insights preditivos da IA, os conselhos conseguem alinhar decisões estratégicas com as demandas do mercado.

O ROX se apresenta como um guia indispensável para conselhos que buscam liderar com impacto. Ele demonstra que a experiência do cliente não é apenas um diferencial qualitativo, mas uma peça fundamental na estratégia de crescimento financeiro e no fortalecimento da posição da empresa no mercado. Assim, o ROX se torna mais do que um indicador – ele é um reflexo da eficácia de uma governança que sabe ouvir, entender e agir em prol do cliente e da organização.

Valorização da marca e redução de riscos

Outro aspecto que merece destaque é como o investimento em CX pode reduzir riscos operacionais e jurídicos. Em um conselho do setor financeiro, identificamos que mais de 20% das reclamações formais estavam ligadas à falta de clareza em processos digitais. O comitê de clientes conduziu uma análise detalhada da jornada do cliente, apontando inconsistências nos canais de atendimento. Essas descobertas levaram à implementação de melhorias baseadas em IA na curadoria, com assistentes virtuais mais intuitivos e fluxos de navegação redesenhados.

Os resultados foram impressionantes. Além de reduzir em 25% as disputas jurídicas, essas ações aumentaram o engajamento digital dos clientes e diminuíram o custo de aquisição de novos usuários. O impacto no *valuation* foi evidente, com um crescimento significativo na percepção de confiabilidade da marca por parte de investidores e consumidores.

IA e CX: a sinergia estratégica que impulsiona o conselho de clientes do futuro

A integração entre IA e CX é, sem dúvida, a força motriz que define o conselho de clientes do futuro. Enquanto a IA oferece dados em tempo real e análises preditivas, o CX garante que essas informações sejam aplicadas de forma rápida e estratégica para criar experiências alinhadas às expectativas dos clientes. Essa sinergia não se limita a resolver problemas; ela transforma a relação entre empresa e cliente, gerando impacto duradouro.

Esses elementos não apenas melhoram o desempenho financeiro, mas também posicionam as empresas como líderes visionárias em seus setores. Uma organização que integra IA e CX em sua governança é capaz de responder rapidamente às demandas do mercado, antecipar tendências e construir uma base sólida para o futuro.

No coração dessa evolução está o conselheiro de clientes do futuro. Ele não é apenas um gestor ou especialista, mas um verdadeiro facilitador de inovação e um mentor estratégico de clientes. Esse papel exige uma mentalidade aberta ao aprendizado contínuo, especialmente em um cenário onde a tecnologia avança a passos largos. Além disso, é essencial desenvolver habilidades interpessoais avançadas para liderar com empatia e conexão humana, equilibrando as necessidades dos stakeholders com os objetivos de crescimento da organização.

Enquanto conselheiros, somos desafiados a enxergar além do presente, liderando transformações que entreguem resultados tangíveis e conectem a governança ao cliente. Nosso papel é, acima de tudo, garantir que a organização não apenas prospere, mas inspire confiança, gere valor e molde o futuro com visão, inovação e propósito.

O legado do conselho de clientes do futuro

O conselho de clientes do futuro não é apenas um ideal; é uma necessidade estratégica em um mundo onde as mudanças acontecem em ritmo acelerado e as demandas por inovação, transparência e resultados concretos nunca foram tão altas. Empresas que integram CX, IA e uma governança moderna não apenas respondem aos desafios do presente, mas se posicionam como protagonistas na construção de um futuro sustentável, competitivo e centrado no cliente.

A capacidade de conectar experiência e inovação à governança transforma os conselhos em verdadeiros catalisadores de valor. Não se trata apenas de melhorar métricas operacionais ou financeiras, mas de moldar empresas que sejam relevantes para seus clientes, atrativas para investidores e respeitadas pela sociedade. Organizações que adotam essa abordagem fortalecem sua reputação, conquistam maior fidelidade dos consumidores, ampliam seu *valuation* e criam impactos duradouros em seus mercados.

Mais do que nunca, os conselhos de clientes são chamados a desempenhar um papel essencial na transformação das empresas, criando organizações que realmente escutam, entendem e atendem às necessidades de seus consumidores. Essa missão não é apenas sobre metas financeiras; trata-se de construir conexões genuínas, promover confiança e gerar impacto positivo que ressoe além dos números.

Minha trajetória, de operadora de *call center* a conselheira em quatro empresas, não foi simples, mas foi construída com propósito, aprendizado constante e uma crença inabalável de que ouvir o cliente transforma negócios. Hoje, ao integrar conselhos e comitês de clientes nas práticas de governança, vejo como essa perspectiva gera valor não apenas para os consumidores, mas para toda a organização. O cliente deixa de ser um dado estatístico e se torna o coração das decisões estratégicas, ajudando as empresas a inovar, crescer e prosperar.

Para os profissionais que desejam transformar suas carreiras e fazer parte de conselhos voltados para a experiência do cliente, eu digo: escutem, aprendam e nunca subestimem o poder da conexão humana. Trabalhem com dedicação, busquem conhecimento e tenham coragem de propor novas ideias, porque transformar organizações começa com a vontade de fazer diferente.

Os conselhos de clientes são o elo entre empresas e consumidores. Eles nos desafiam a pensar além dos lucros e a construir organizações que sejam respeitadas, admiradas e, acima de tudo, relevantes. O futuro será moldado por aqueles que têm a coragem de inovar, a humildade de escutar e a determinação de agir. Como alguém que começou ouvindo clientes e hoje influencia decisões estratégicas em conselhos, posso afirmar: o cliente é e sempre será o ativo mais valioso de qualquer organização.

Minha trajetória, que começou ouvindo histórias de clientes e evoluiu para decisões em conselhos, me mostrou que o conselho de clientes é o caminho para alinhar satisfação e crescimento, promovendo impacto financeiro direto, fortalecendo marcas e criando organizações preparadas para liderar o futuro.

CAPÍTULO 25

O conselho do futuro é agora!

A transformação das pessoas, da sociedade, do mercado, além das questões relacionadas a tecnologia, IA, *cyber security*, modelos de negócio inovadores, novas abordagens da economia, geopolítica, entre outros desafios, revela a necessidade de rever a postura, as habilidades e os valores de quem atua em conselhos, assim como a atualização de seus modelos frente ao cenário atual e às mudanças que estão por vir.

Regina Migliori

REGINA MIGLIORI

Em sua trajetória, integra tecnologia, negócios, neurociências e desenvolvimento humano. Empreendedora pioneira, foi sócia de uma das primeiras empresas de automação de sistemas e indústria de semicondutores no Brasil, onde iniciou sua conexão com o setor de inovação. Sua investigação sobre potencial humano e estudos da mente resultou no MindEduca, metodologia e plataforma sobre inteligência ética. É do Grupo Migliori com atuação em três pilares (pessoas, empresas e sociedade), em projetos que vão desde a transformação individual até políticas públicas. Como idealizadora e conselheira da Mubius WomenTech Ventures, fomenta start-ups com foco no universo feminino; como membro da International Neuroethics Society, traz insights das neurociências para o ambiente corporativo; como sócia da Indelta People & Business Community, atua nos negócios em rede com foco no bem comum. Sua experiência intercultural inclui trabalhos com organismos internacionais em cultura de paz e desenvolvimento sustentável. Palestrante internacional, mentora e autora, compartilha sua visão para criar impacto positivo em escala global.

Contatos: www.migliori.com.br
www.mindeduca.com
LinkedIn: www.linkedin.com/in/reginamigliori

A primeira razão da servidão voluntária é o hábito.

Étienne de La Boétie

Tenho sido uma estranha no ninho. E parece que tem dado certo. Sou da geração em que autonomia, direitos, carreira e liberdade de escolha estavam distantes das mulheres. Mas esse cenário não me definiu.

Com o objetivo de ser diplomata e o propósito de trabalhar com foco em valores humanos, cursei Direito e Letras. Logo percebi que ali não havia espaço para o que eu desejava realizar. Esse propósito estava mais para frase de Miss Universo, bem longe do que eu queria fazer, e não se relacionava com qualquer carreira disponível. Decidi, então, manter o propósito e navegar pelo mar de possibilidades.

Como advogada, atuei na área penal, convivendo com pessoas em situações extremamente desafiadoras. Como educadora formada em Letras, dei aulas de literatura e criatividade. Nesses dois contextos, identifiquei o quanto as potencialidades humanas precisam de oportunidades favoráveis ao seu florescimento. Investiguei isso nas neurociências e no treino da mente em mosteiros budistas. Acabei por criar uma metodologia e uma plataforma de desenvolvimento humano.

Fui sócia de uma das primeiras empresas de automação de sistemas e de uma indústria de semicondutores: aí começou minha conexão com a tecnologia, o mundo corporativo e a inovação. Entre outras atividades, hoje integro o time de idealizadores e o conselho de uma *corporate venture*, cuja tese se embasa no feminino como valor.

Anos atrás, as mulheres empreendedoras da família identificaram uma oportunidade de negócio global: o casamento. Foi uma iniciativa disruptiva: a primeira empresa exportadora de vestidos de noiva do país e, em paralelo, lojas no Mercosul com um novo conceito e um portfólio completo de produtos e serviços para o casamento. Aprendi o que é unidade na diversidade: embora o ato de se casar seja universal, o casamento é diferente em cada cultura. Eu me familiarizei com mercados globais e com a interculturalidade, o que contribuiu para negócios em outros países e meu trabalho junto a organismos internacionais, com foco em cultura de paz.

Nas viagens pelo mundo, compreendi como a sociedade e as políticas públicas podem estimular ou tolher o desenvolvimento sustentável, e essa experiência hoje me permite atuar junto ao setor público.

Contextos tão diferentes, somados à trajetória acadêmica sobre filosofia da ciência e neurociências, se refletem na minha empresa, cuja missão mantém aquele mesmo propósito centrado em valores humanos: "despertar e desenvolver o potencial benéfico e o nível de excelência das pessoas, das organizações e da sociedade". Bingo! Consegui integrar o propósito e a minha trajetória, organizando o trabalho atual nestes três eixos: pessoas, empresas e sociedade.

Essa atuação múltipla me aproximou de conselhos de administração, de família, de *corporate ventures* não só como conselheira, mas também na sua estruturação, na criação de seus modelos ou na contribuição para nortear sua atuação.

Não existe um único caminho a seguir. Mas, nesse meu trajeto, percebi alguns aspectos que fazem sentido para quem atua em conselhos no cenário atual e nas mudanças que estão por vir.

Conselho não se comporta como o ChatGPT

Se você perguntar ao Google ou ChatGPT ou consultar publicações sobre as atribuições de um conselho, irá encontrar afirmações deste tipo: apoiar o acionista ou empreendedor a direcionar sua estratégia; contribuir para a governança; facilitar a relação entre executivos e acionistas; tornar a empresa mais valiosa; e aumentar o retorno dos investimentos.

São afirmações amplas, genéricas, um pouco óbvias; e, se você não tiver um jeito próprio de fazer isso, corre o risco de fazer mais do mesmo. Portanto, se quiser ser de fato uma conselheira no século XXI e não correr o risco de analisar, opinar e decidir da mesma forma que a Inteligência Artificial o faria, terá que atuar de outra maneira: a **sua**.

Sua deliberação precisa ser ética, estratégica, pragmática e ter identidade

Por transitar em diferentes ambientes, quase sempre trago aspectos distintos das demais deliberações. Além disso, ao serem propostas por uma mulher, por vezes produzem o impacto "estranha no ninho". Mas não basta trazer algo novo ou diferente. Tem que ser benéfico, adequado e passível de ser executado, ou seja, inovador, ético, estratégico e pragmático. É com esse rumo que me guio nas decisões sobre desafios, prioridades e oportunidades. Tem funcionado, e você pode encontrar o seu jeito de fazer isso.

Certa vez, ouvi este comentário: "Você traz um olhar distante do que costumamos discutir, e nem conhecemos muitas das suas premissas, mas despertaram algo que fez sentido, e provavelmente este é o caminho que vamos aprofundar e adotar".

Ter consciência sobre sua identidade, ajuda a não perder seu rumo. Consultoria em marca pessoal pode ajudar, mas o que constrói sua reputação é o rastro que você deixa por onde passa.

Seja você mesma e não esqueça o que aprendeu no jardim da infância

Não perca de vista aquilo que aprendeu quando criança: todos têm o direito de participar da brincadeira, saiba dividir brinquedos, cuidar deles, não se apropriar do que não é seu, arrumar a bagunça, e por aí vai. Isso é básico, porque o universo dos conselhos não é regido pelas normas do "bloco do eu sozinho". Trata-se de um grupo de pessoas decidindo em conjunto. Por estar em um colegiado, esteja convicta daquilo que acredita ser relevante.

Por conta do meu centramento em valores humanos, hoje integro uma comunidade de negócios em rede com foco no bem-comum. Por obra do acaso em uma livraria, um de meus livros caiu na cabeça do diretor de um banco: isso me permitiu contribuir com a audaciosa trajetória da instituição como um "Banco de Valor", em que as inovações acabaram por provocar transformações em todo o setor.

Histórias não faltam. Ser você mesma, vale muito mais do que você imagina. Porém, não se iluda: conselho é colegiado, não é clube. Por melhor que sejam as intenções, alinhar os rumos demanda esforço. Por isso, valorize sua contribuição: ela é única, preciosa, e pode mudar o rumo de um negócio e até mesmo de todo um setor.

Fortaleça o eixo cabeça, coração e mãos

Regulamentações, mercado, instâncias de responsabilidade, geopolítica, IA, investimentos, tudo isso é deliberado pelo conselho, para que cumpra uma de suas principais atribuições: as empresas estão em busca de princípios norteadores dos negócios.

Tarefa hercúlea? Nem tanto. A tecnologia traz uma imensa capacidade para o processamento das informações: nas mentes humanas dispomos de múltiplas inteligências; nos corações há uma inesgotável fonte de sabedoria; e nas nossas competências há força de realização. Aciona-se tudo isso, e resolver as questões empresariais já não é tão difícil.

Há algumas décadas, na Johnson & Johnson, aconteceu um episódio que mostra a relevância desse eixo. O óleo para bebê estava se tornando um sucesso também como bronzeador, e o diretor da divisão foi ao conselho apresentar seus planos. Durante sua apresentação, um conselheiro lhe perguntou sobre o que ele queria dizer com "bronzeado saudável" associado ao produto. A questão surgiu em função de uma conversa anterior desse conselheiro com um médico, que havia comentado sobre os possíveis efeitos prejudiciais da exposição ao Sol sobre a pele (Nash, 2001).

O executivo foi pego de surpresa, já que os consultores técnicos não haviam mencionado essa hipótese. De fato, as pesquisas eram iniciais e as evidências não eram conclusivas. E o produto valia alguns milhões de dólares em vendas anuais. O que fazer?

Uma análise restrita aos lucros avaliaria os custos de atender às supostas questões de saúde e os riscos da empresa não suportar perder alguns milhões. As considerações éticas seriam adaptadas à sustentação desse lucro, e a recomendação seria: aguardar as regulamentações para depois avaliar possíveis mudanças.

Mas a possibilidade de prejudicar as pessoas já havia se instalado nas consciências de quem participava do processo decisório, que não sucumbiu à tentativa de separar as ações éticas da atividade comercial. E a recomendação foi que a empresa não promovesse o óleo para bebê como bronzeador.

Essa decisão poderia determinar o fim de um produto e de toda uma divisão. De fato, inicialmente as vendas caíram. Mas a ação ética não trava os negócios; ao contrário, impulsiona seu potencial. A empresa partiu para novas pesquisas e chegou a um novo posicionamento do óleo para bebê: remover maquiagem – um sucesso que perdura até hoje.

A visão de um conselheiro influenciou a decisão do colegiado, a atitude do executivo, os rumos da empresa, o posicionamento do produto e o incremento das vendas.

E como seria no cenário atual? Há quem diga que vivemos um novo tempo. Como se o tempo não fosse sempre novo. Esse nosso tempo dispensa profecias. Qualquer aspecto da realidade é suficiente para nos alimentar de apreensão e esperança. Para lidar com a complexidade do presente e as incertezas futuras, é preciso ter cabeça que pensa, coração que acredita e mãos que realizam. É importante construir na empresa um pacto entre saber o que se está fazendo e acreditar no que se faz. Isso costuma funcionar.

Não seja samba de uma nota só, seja sinfonia

A dinâmica bem-sucedida de um conselho é aquela que maximiza alternativas, estabelece uma relação abrangente entre diferentes aspectos e leva em conta um contexto maior de execução. Não há nenhum problema em ser especialista em determinada área. A questão é não se encapsular, restringir o alcance do seu pensamento, de suas escolhas e oportunidades.

A participação em um conselho exige movimentação expandida. Não se trata do dilema entre ser generalista ou especialista, mas de antever tendências e oportunidades, navegar pelo conhecimento, pelos negócios e pelas relações humanas. Um pouco de coragem também cai bem.

Foi difícil me aprofundar nas neurociências, área que na época era restrita à abordagem terapêutica dos profissionais da saúde. Insisti porque acreditei que ali encontraria insumos para atender a novas demandas que se delineavam no mundo. Quando a abordagem neurocientífica se difundiu, eu já estava posicionada: havia elaborado o conceito de inteligência ética, e a metodologia MindEduca estava em uma plataforma estruturada. Foram novas oportunidades e novos olhares como conselheira.

Participar de um conselho exige responsabilidade e ao mesmo tempo soltura e liberdade para ir além do que todo mundo está vendo. Atualmente, isso se relaciona à ambidestria: movimentar-se simultaneamente pelo presente e pelo futuro. Eu me descobri ambidestra. Talvez isso faça você parecer a estranha no ninho ante os olhos de quem não acompanha a sinfonia. Mas vale a pena.

Ser sinfonia é se caracterizar pela extensão, variedade de temas e andamentos, da sonata ao *gran finale*.[1] Sustente a movimentação, não se aprisione em uma área, não restrinja seus interesses e expanda suas possibilidades. Vida é movimento.

1 A sinfonia explora uma ampla gama de técnicas musicais, andamentos, provoca diferentes emoções e continua a influenciar a música contemporânea. Se quiser experimentar os clássicos, ouça Haydn, Mozart ou Beethoven.

Exerça o feminino como valor

Ocupar o cargo de conselheira e aumentar a participação das mulheres em conselhos não é só uma questão de gênero e de equanimidade nas oportunidades. O número crescente de mulheres conselheiras é importante, mas não suficiente. A real transformação requer que mindset, modelos e estruturas acompanhem a mudança quantitativa. Muitas mulheres replicam padrões masculinos, seja pela necessidade de se proteger, pela possibilidade de se integrar ou pelo desejo de se destacar.

Certa vez, ouvi um diretor de diversidade celebrar que, na sua organização, o número de mulheres em cargos de liderança aumentara, e havia uma real integração com os demais executivos. Exemplo disso é que elas passaram a se interessar por futebol para se integrar com seus pares. Surpreendente depoimento; vexatório, mas aconteceu! Fique à vontade para curtir seu time do coração, mas nunca com a motivação de agradar alguém.

E nem vou falar do padrão "terninho". Qualquer coisa no diminutivo já deveria ser abandonada, quanto mais o traje masculino, que na versão feminina se apequenou. Se o invólucro é "inho", isso já determina o tamanho do que vai dentro.

Para além da mudança quantitativa, é preciso agregar o feminino como valor, pois valores humanos podem ser praticados por qualquer pessoa. Trata-se de outra forma de ver o mundo, elaborar planejamento, lidar com desafios, solucionar problemas, construir relações, estruturar e fazer negócios. Masculino e feminino resultam em abordagens diferentes, relevantes e complementares.

Essa mudança requer abandonar padrões homogêneos em favor de modelos harmônicos. A natureza nos mostra que a sustentação da vida depende do equilíbrio harmônico da diversidade. A matéria-prima da harmonia são as diferenças, que em suas múltiplas combinações criam infinitas possibilidades. Isso é fundamental frente aos desafios e à necessidade de novas soluções nos negócios e nas empresas.

Há muito o que avançar sobre a valorização do feminino e a participação das mulheres, mas reconheço as mudanças que nos fizeram chegar até aqui: me sinto presente e atuante. O rumo está definido, os caminhos são muitos. O cuidado é não diminuir o ritmo, porque o futuro se faz no agora.

Referência

NASH, L. *Ética nas empresas*. São Paulo: Makron Books, 2001.